Teoria da história

2ª edição

Teoria da história
Antonio Fontoura

Rua Clara Vendramin, 58 . Mossunguê . CEP 81200-170 . Curitiba . PR . Brasil
Fone: (41) 2106-4170 . www.intersaberes.com . editora@intersaberes.com

Conselho editorial	*Capa*
Dr. Alexandre Coutinho Pagliarini	Iná Trigo (design)
Dr.ª Elena Godoy	LanKS, Scisetti Alfio, Jannarong,
Dr. Neri dos Santos	guteksk7, LiliGraphie, francesco de
M.ª Maria Lúcia Prado Sabatella	marco, Pakhnyushchy/Shutterstock
Editora-chefe	(imagens)
Lindsay Azambuja	*Projeto gráfico*
Gerente editorial	Bruno de Oliveira
Ariadne Nunes Wenger	*Diagramação*
Assistente editorial	Fabiola Penso
Daniela Viroli Pereira Pinto	*Iconografia*
Edição de texto	Regina Claudia Cruz Prestes
Monique Francis Fagundes Gonçalves	

Dados Internacionais de Catalogação na Publicação (CIP)
(Câmara Brasileira do Livro, SP, Brasil)

Fontoura, Antonio
  Teoria da história / Antonio Fontoura. -- 2. ed. -- Curitiba, PR : Intersaberes, 2024.

  Bibliografia.
  ISBN 978-85-227-1308-0

  1. História 2. História – Teoria 3. Memória social I. Título.

24-188985   CDD-901

Índices para catálogo sistemático:
1. História : Teoria   901

Tábata Alves da Silva – Bibliotecária – CRB-8/9253

1ª edição, 2016.
2ª edição, 2024.
Foi feito o depósito legal.
Informamos que é de inteira responsabilidade do autor a emissão de conceitos.
Nenhuma parte desta publicação poderá ser reproduzida por qualquer meio ou forma sem a prévia autorização da Editora InterSaberes.
A violação dos direitos autorais é crime estabelecido na Lei n. 9.610/1998 e punido pelo art. 184 do Código Penal.

Sumário

9 *Apresentação*
13 *Como aproveitar ao máximo este livro*

Capítulo 1
17 **A história**

(1.1)
19 O que é *história*?

(1.2)
38 As fontes históricas

Capítulo 2
65 **A importância da teoria**

(2.1)
67 O que é *teoria*?

(2.2)
76 A explicação histórica

(2.3)
85 Causas de determinado evento histórico

Capítulo 3
109 **O tempo histórico**

(3.1)
111 Tempos e culturas

(3.2)
119 As características do tempo histórico

(3.3)
123 O tempo como ferramenta histórica

Capítulo 4
153 **Memória e história**

(4.1)
155 Memória individual, sociedade e história

(4.2)
166 A memória social: criação, modificação, apagamento

(4.3)
177 A memória como ferramenta histórica

Capítulo 5
195 **Conceitos fundamentais da história**

(5.1)
197 O uso de conceitos

(5.2)
205 Alguns conceitos interdisciplinares

Capítulo 6
239 **Narrativa e formas de abordagens do passado**

(6.1)
241 A narrativa em história

(6.2)
258 Abordagens históricas

283 *Considerações finais*
285 *Referências*
297 *Bibliografia comentada*
299 *Respostas*
303 *Sobre o autor*

Apresentação

Se ao que busco saber nenhum de vós responde,
por que me repetis: "vem por aqui!"?

José Régio

É na adequada compreensão teórica de um trabalho histórico que se estrutura seu rigor, a validade de suas análises, a abrangência de suas conclusões. Compreender os elementos teóricos que fundamentam uma argumentação em história significa entender os pressupostos que guiaram o autor, a visão de sociedade que está implícita e as intenções que podem ser identificadas na sua argumentação.

Até o século XIX, acreditava-se que fazer história era uma tarefa fácil: bastava buscar documentos históricos e reproduzir os fatos que eles narravam. Porém, ao longo do tempo, demonstrou-se que essa era uma abordagem ingênua. Os fatos históricos, por exemplo, não são dados óbvios da realidade, mas surgem apenas diante de questões que historiadoras e historiadores lançam sobre o passado. Os documentos, por sua vez, são sempre produzidos com certa intencionalidade, razão por que se deve aprender a ler o que eles dizem, como o dizem e, inclusive, atentar para o que escondem e sobre o que silenciam. Além disso, o texto histórico não está isento de objetivos, concepções políticas e formas de ver o mundo dos pesquisadores. Compreender esses pontos de vista, dentre outras questões teóricas relevantes, é essencial para a produção de uma história que seja, ao mesmo tempo, rigorosa e criadora de um conhecimento valioso.

Neste livro, serão discutidos alguns dos principais temas relacionados à teoria da história, necessários tanto para que você estruture seus textos com base em uma adequada fundamentação teórica quanto para que analise as intenções e as bases dos textos históricos que terá em mãos, inclusive os didáticos.

No primeiro capítulo, apresentamos os temas mais fundamentais da história: sua definição, a caracterização do que é um *fato histórico* e como este se relaciona com a atual ideia de *documento histórico*. Seguimos, no segundo capítulo, para um aprofundamento do que significa a "teoria da história" e o entendimento de sua importância, demonstrando como esses conceitos se articulam na construção das explicações históricas.

No terceiro capítulo, debatemos as noções de *tempo histórico*, as influências culturais e a utilização da temporalidade como ferramenta aos estudos históricos. No quarto capítulo, trabalhamos com o tema da *memória* e a relação que há entre esse fenômeno, que parece tão individual, e a sociedade e os estudos históricos. Expomos, ainda, importantes questões relacionadas às formas de controle de lembranças e esquecimentos, sob um ponto de vista social.

No quinto capítulo, discutimos as maneiras pelas quais a análise conceitual permite a elaboração de explicações em história, além de aprofundarmos determinados conceitos interdisciplinares importantes para os estudos históricos na atualidade. No sexto e último capítulo, destacamos a questão da narrativa e sua relação com a objetividade dos estudos históricos, antecipando a apresentação de algumas formas de abordagens comuns na historiografia recente.

Ao final deste livro, você deverá ser capaz de compreender os fundamentos do trabalho histórico, utilizar adequadamente conceitos importantes da disciplina e avaliar o rigor no raciocínio de historiadoras e historiadores. Esperamos que você possa, também, entender a diferença entre textos que apenas falam do passado e aqueles que são efetivamente históricos.

Boa leitura!

Como aproveitar ao máximo este livro

Empregamos nesta obra recursos que visam enriquecer seu aprendizado, facilitar a compreensão dos conteúdos e tornar a leitura mais dinâmica. Conheça a seguir cada uma dessas ferramentas e saiba como estão distribuídas no decorrer deste livro para bem aproveitá-las.

Introdução do capítulo

Logo na abertura do capítulo, informamos os temas de estudo e os objetivos de aprendizagem que serão nele abrangidos, fazendo considerações preliminares sobre as temáticas em foco.

Síntese

Ao final de cada capítulo, relacionamos as principais informações nele abordadas a fim de que você avalie as conclusões a que chegou, confirmando-as ou redefinindo-as.

Atividades de autoavaliação

Apresentamos estas questões objetivas para que você verifique o grau de assimilação dos conceitos examinados, motivando-se a progredir em seus estudos.

Atividades de aprendizagem

Aqui apresentamos questões que aproximam conhecimentos teóricos e práticos a fim de que você analise criticamente determinado assunto.

Bibliografia comentada

Nesta seção, comentamos algumas obras de referência para o estudo dos temas examinados ao longo do livro.

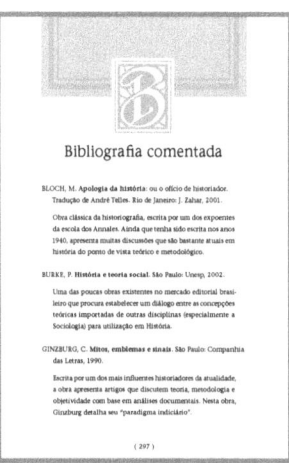

Capítulo 1
A história

No início deste primeiro capítulo, abordaremos a definição de história que sustentará as discussões teóricas ao longo de todo o livro. A seguir, traremos definições das características das fontes históricas, por meio das quais a história é, efetivamente, pesquisada e produzida. É dessa maneira que pretendemos iniciar o debate, presente em todo o texto, sobre os fundamentos que dão validade ao conhecimento histórico.

(1.1)
O QUE É *HISTÓRIA*?

É provável que cada historiadora ou historiador tenha sua própria concepção de história. De fato, é difícil construir uma definição que abranja as diversas maneiras pelas quais os estudos históricos são realizados nos dias de hoje. Ainda assim, é possível apresentar uma pequena lista de definições:

- "Toda história humana é fundamentalmente uma história das ideias" – H. G. Wells (1920, p. 472, tradução nossa).
- "história [...] é, de fato, um pouco mais do que o registro dos crimes, loucuras e azares da humanidade" – Edward Gibbon (1962, p. 38, tradução nossa).
- "História é o registro daquilo que uma época acreditou ser digno de nota para outra" – Jacob Burckhardt (citado por Kochhar, 1984, p. 1, tradução nossa).
- "Retomar tudo, para tudo ressituar no quadro geral da história, para que sejam respeitadas, não obstante as dificuldades, as antinomias e as contradições entranhadas, a unidade da história que é a unidade da vida" – Fernand Braudel (1992, p. 31).

- "[História é] um diálogo interminável entre o presente e o passado" – Edward Carr (1996, p. 65).
- "Ciência [...] dos homens no tempo. [...] São os homens que a história quer capturar. Quem não conseguir isso será apenas, no máximo, um serviçal da erudição. Já o bom historiador se parece com o ogro da lenda. Onde fareja carne humana, sabe que ali está a sua caça" – Marc Bloch (2001, p. 7, 54).

As citações anteriores demonstram as mudanças sobre o conceito e o significado de história em diferentes períodos, mas é necessário que façamos uma definição de história própria deste livro.

Assim, para a nossa jornada na análise da teoria histórica, definimos que a **história é o estudo acadêmico dos grupos humanos, de seus indivíduos e suas instituições ao longo do tempo, com base em métodos específicos, fundado em uma determinada tradição epistemológica.**

Como essa definição não é simples, para esclarecê-la, é melhor detalharmos as partes que a compõem:

a) "**história é o estudo**": Quando utilizarmos o termo *história*, não estamos nos referindo ao passado, mas sim ao estudo do passado. Há uma diferença importante aqui. Na linguagem cotidiana, é comum usarmos o termo *história* para significar tanto os eventos que já aconteceram quanto os textos sobre esses eventos. Observe a Figura 1.1, uma fotografia da Rua do Ouvidor, no Rio de Janeiro, tirada em cerca de 1890, por Marc Ferrez.

Figura 1.1 – Rua do Ouvidor, Rio de Janeiro, cerca de 1890

Repare nas pessoas andando pela rua, nos dois senhores de chapéu que andam juntos, na disposição das lojas. Essa foto é um flagrante da vida dessas pessoas – e é, também, um documento histórico, uma fonte, mas isso veremos mais adiante. Elas realmente estavam lá, passeavam pela rua, viviam suas vidas, quando tiveram suas imagens capturadas. Tudo isso ficou no passado. Faz parte do passado.

Antonio Fontoura

Mas isso não é história. Esse termo será reservado aos estudos sobre o passado, sobre as coisas que aconteceram. Nesse sentido, a foto poderá servir de documento para diferentes estudos históricos: sobre a história da organização urbana do centro do Rio de Janeiro ou sobre as vestimentas masculinas no final do século XIX; sobre a tecnologia fotográfica utilizada por Marc Ferrez; ou mesmo sobre a forma de digitalização de imagens no século XXI. São infindáveis os estudos de história que poderão tomar partes daquele passado como objeto, tendo como base aquela fonte.

Portanto, o passado e o estudo do passado (a história) são coisas diferentes. E, já que estamos tornando precisas algumas definições, é importante esclarecer que os textos sobre o passado apresentam, também, um termo específico: *historiografia*. Aquelas pessoas da foto, andando na rua do Ouvidor, são parte do passado. Um estudo sobre as suas vestimentas poderá ser *história*. O texto, ou o conjunto de textos sobre este tema, será, enfim, uma *historiografia*.

b) **"acadêmico"**: Usamos essa palavra como algo relativo à "academia", ou seja, a uma "instituição de ensino superior", e isso nos ajuda a definir, em primeiro lugar, o que a história **não** é; ou, pelo menos, o que ela não é para a este livro. Afinal, há vários, diferentes e importantes modos de se fazer história, e que cumprem significativos papéis em nossa sociedade. Eduardo Bueno – autor de *Náufragos, traficantes e degredados* – e Laurentino Gomes – autor de *1822* –, por exemplo, são jornalistas que tiveram grande sucesso editorial, nos últimos anos, com suas obras com temas históricos. Escritas em linguagem envolvente, ambas as obras narram episódios e eventos importantes da história do Brasil para o público coonsiderado "não especialista". Elas não são, porém, estudos acadêmicos. Dizemos isso não apenas porque elas não foram escritas por autores vinculados a instituições de ensino superior, mas também porque não seguem o modelo considerado próprio da história acadêmica: não refletem sobre hipóteses, não discutem teoricamente seus objetos e, muito comumente, não se utilizam de fontes primárias (os "documentos históricos") para produzir seus textos. Não são inferiores nem superiores à história acadêmica: têm apenas objetivos, públicos e métodos diferentes desta.

Outro importante modelo de história é aquele presente em livros didáticos, do ensino fundamental ao médio. Em geral, são escritos por historiadoras e historiadores e devem, a princípio, apresentar as características teóricas dos textos históricos acadêmicos; ou seja, precisam ser cronologicamente corretos, basear-se em fatos comprovados, debater com a historiografia, expor análises causais adequadas. Nesse sentido, tanto os livros didáticos quanto os trabalhos acadêmicos devem concordar, pois se fundamentam em uma mesma teoria. Esclarecido isso, os materiais didáticos têm suas especificidades: lidos por professores e alunos, são materiais que cumprem a função específica de auxiliar na apreensão e na discussão de temas históricos considerados socialmente relevantes e que são definidos mais ou menos explicitamente por currículos nacionais, estaduais e municipais. Esse modelo de história é, certamente, o mais difundido em nossa sociedade e, embora mantenha estreita relação com a história acadêmica, não se confunde com ela.

Além disso, quando afirmamos que "**história é o estudo acadêmico**", dizemos muito, também, sobre o que a história **é** para nós. Quando se estuda história ou se produzem textos históricos em instituições de ensino superior, devem ser seguidas determinadas regras que lhes são próprias. A história acadêmica, assim, tem estreita relação com a produção de material para um determinado grupo de pessoas – professores, orientadores, estudantes de graduação ou pós-graduação, historiadores, outros cientistas humanos e sociais –, ao que se dá o nome genérico de *pares*. Serão esses pares que avaliarão os resultados, autorizarão os temas e objetos, aprovarão ou condenarão os métodos empregados na elaboração do material. Dizemos que a história acadêmica, enfim, tem um "paradigma" ou um modo seu, próprio, de fazer as coisas.

> O termo *paradigma* é utilizado nesta obra no sentido dado pelo filósofo estadunidense Thomas Kuhn (1922-1996) em seu livro *A estrutura das revoluções científicas*. Refere-se a um conjunto específico de métodos, teorias e formas de pensamento que se tornam padrão para determinado campo do conhecimento. Ou seja, uma forma específica que uma ciência tem de fazer e pensar sobre seus objetos caracteriza seu paradigma. (Kuhn, 2013)

c) **"dos grupos humanos, de seus indivíduos e suas instituições"**: Não há mistério aqui. A história estuda *pessoas*, e não qualquer coisa do passado. As mudanças pelas quais passaram as placas tectônicas, por exemplo, não são objeto da história, mas da geologia, ainda que se localizem no passado; o mesmo ocorre com a formação dos planetas, que é objeto da astronomia, e assim por diante.

Porém, note que afirmamos "dos grupos humanos, de seus indivíduos e suas instituições". Isso é importante porque a história pode ter como objeto sociedades inteiras, como a civilização romana; grupos de indivíduos, como as leitoras da revista *Nova* ou os trabalhadores do sindicato dos conferentes do Porto de Paranaguá; indivíduos em especial, uma abordagem própria das biografias; além de instituições, como sindicatos, empresas, clubes de futebol etc.

d) "**ao longo do tempo**": Esta é uma das principais características que marcam a especificidade da história. Como o presente é algo muito efêmero (a leitura da primeira página deste livro, por exemplo, já está no passado), todas as ciências estudam seus objetos no passado, seja ele mais imediato, seja mais distante. O que é próprio da história é o recurso dos chamados *recortes temporais* – a definição de um período específico, delimitando o início e o fim de uma análise. Dentro de cada recorte temporal, estuda-se de que forma o objeto da pesquisa surge, como se desenvolve, em que características e sob quais influências muda ou permanece o mesmo. Ou seja, a história estuda como seus objetos de pesquisa atuam dinamicamente no tempo.

e) "**com base em métodos específicos**": Não é possível ter acesso direto ao passado, afinal, não existem máquinas do tempo. Por isso, todo estudo histórico é feito com base em vestígios – as chamadas *fontes históricas*. A coleta, a seleção, a crítica e a análise das fontes são os principais métodos para se estudar a história, mas não são os únicos – a história trabalha, também, com a resolução de problemas históricos. O método histórico exige que o historiador ou a historiadora questionem suas fontes, isto é, procurem extrair delas as informações que os auxiliarão na solução dos problemas formulados. A utilização do raciocínio indutivo e o apoio em referenciais teóricos também fazem parte do método histórico.

f) "**fundada em determinada tradição epistemológica**": O que queremos dizer com "tradição epistemológica"? *Epistemologia*, significa a forma de refletir sobre os princípios e métodos do conhecimento, de estudar os modelos pelos quais se chegam a conclusões por meio de métodos particulares. Trata-se de um estudo sobre a forma de fazer as coisas, portanto. Quando falamos em "tradição epistemológica", significa que a história, por assim dizer, tem sua própria história – ou seja, ela tem suas próprias formas de abordar seus problemas, resolver suas questões, apresentar seus resultados, que foram construídas ao longo do tempo. Além disso, a história tem determinados autores referenciais, temas que lhes são caros, métodos próprios e, mesmo, espaços institucionais que, tradicionalmente, são seus. Esse último item inclui desde faculdades de História à organização e guarda de arquivos, alcançando, inclusive, professores de História nas escolas.

1.1.1 A UTILIDADE DA HISTÓRIA

"História é a mestra da vida", diziam os historiadores do século XIX, recuperando uma frase de Cícero, filósofo da Roma Antiga. Com isso, queriam dizer que a história, como um conjunto de lições exemplares, serviria de guia para o presente em direção ao futuro. A ideia foi repetida no início do século XX pelo filósofo estadunidense George Santayana (1863-1952): "aqueles que não se lembram do passado estão condenados a repeti-lo" (Santayana, 1920, p. 284, tradução nossa).

Nem todos, porém, concordavam ou concordam com isso. Ainda no século XIX, o filósofo alemão Georg Hegel (1770-1831) afirmou que "a única coisa que se aprende da história é que nunca ninguém aprende nada com a história", portanto, ela não tinha a capacidade de ser a "mestra da vida" (Hegel, citado por Fischer, 1970, p. 157-158, tradução nossa). E, segundo o historiador britânico James Bryce (1838-1922), talvez fosse melhor que ela sequer o tentasse ser, pois "o principal objetivo da história", ele afirmou com algum humor, "é nos libertar de analogias históricas plausíveis" (Bryce, citado por Fischer, 1970, p. 243, tradução nossa).

Entre tantas ideias diferentes, para que serve efetivamente a história? De uma forma geral, historiadoras e historiadores da atualidade concordam que a história não tem condições de ser "mestra da vida", no sentido oitocentista. Os desafios vividos pelas sociedades são muito diferentes em cada época e lugar, e uma simplificação à maneira "aconteceu assim, portanto, devemos agir dessa forma" não traria resultados.

Além disso, quando perguntamos para que a história "serve", devemos estar atentos ao sentido que se quer dar ao verbo *servir*. Em nossa sociedade, é muito comum considerarmos que algo tem serventia apenas quando apresenta uma utilidade material e se associa a determinado progresso tecnológico. Se pensarmos nesse sentido, de fato, a história não constrói pontes, não miniaturiza telefones, não contribuiu para a cura do câncer. Porém, está longe da verdade afirmar que a história não desempenha importante papel social.

A história nos permite conhecer a nós mesmos e aos outros, esclarecer eventos importantes do presente e, inclusive, concluir que nossa própria realidade é o resultado de mudanças que não são aleatórias. O nosso **presente** está repleto de nosso **passado**: ou seja, somos o resultado de processos, de conjuntos de transformações, de determinada construção. Processos, transformações e construções que influenciam e foram influenciados por projetos de poder, formas de conceber o mundo, visões sobre o futuro, concepções culturais, objetivos econômicos, ou religiosos, ou nacionalistas, ou outros tantos diferentes. Atentarmos para nossa realidade histórica é uma das melhores maneiras que temos de raciocinar sobre o mundo e de nos instrumentalizar para que, conhecendo o presente, possamos agir menos ingenuamente.

Por meio do conhecimento da história, percebemos, por exemplo, que determinados preconceitos que em dado momento foram naturalizados (como a inferioridade de determinadas etnias) comprovam-se como construções sociais e revelam projetos de poder; que formas de comportamento consideradas *universais* (como relações de gênero ou sistemas de parentesco) mudaram ao longo do tempo e foram o resultado de opções de uma sociedade em dada época e lugar; que construções identitárias (o fato de nos considerarmos "brasileiros", ou "homens", ou "idosos", ou "protestantes") revelam formas de legitimar situações sociais que participam de determinados papéis na sociedade e que, em síntese, isso nem sempre foi assim; que o mundo todo, e todos nós, poderíamos ser de outra forma.

"Por que que a gente é assim?" (Cazuza; Frejat; Neves, 1984), perguntava a banda de *rock* nacional Barão Vermelho, ainda nos anos 1980. Porque somos resultados de escolhas. Mais do que apenas narrar o percurso que ficou para trás, é função da história explicitar o caráter aberto do passado e discutir por que certos caminhos foram escolhidos em preferência a outros. Revela-se, então, um dado fundamental: não estamos congelados no tempo, não somos o fim da história. Além disso, nós estamos sempre a caminho de algum lugar, em constante transformação e diante de encruzilhadas – em nosso presente, também aberto, devemos fazer escolhas. "O tempo não para" (Brandão; Cazuza, 1988), dizia Cazuza. E quanto mais soubermos sobre o passado, mais bem fundamentadas serão as escolhas neste nosso próprio tempo.

1.1.2 O QUE SE ESTUDA E O QUE SE PODE SABER COM BASE NO PASSADO?

Atualmente, o campo de pesquisas da história é basicamente ilimitado. Todas as ações humanas podem ser objeto de estudos históricos. Mas, além disso, os temas históricos são ilimitados porque são criados com base em preocupações do presente, o qual, por sua vez, está sempre em mudança. São as preocupações em relação à sociedade em que vivemos que estimulam as pesquisas para encontrarmos, no passado, respostas para elas.

Da mesma forma, é ilimitado o número de informações que podem ser retiradas da análise das fontes. Isso porque novas perguntas sempre permitirão que historiadores estudem os documentos históricos sob novas luzes. Mas, ainda assim, pode restar uma dúvida: Será que se soubermos tudo sobre como as pessoas viviam em determinado período, não acabaremos por esgotar o conhecimento histórico?

É tentador pensar que o objetivo último da história seja criar um hipotético viajante do tempo – isto é, conseguir informações que nos permitiriam reconstruir, nos mínimos detalhes, a vida das pessoas em qualquer época e em qualquer período. Porém, não é função da história construir um viajante do tempo ou reconstruir um indivíduo do passado; ou, melhor seria dizer, é muito mais do que isso. Mesmo que um historiador conseguisse viajar no tempo e acabasse por se tornar um cidadão perfeito daquele passado, ainda assim ele não saberia "toda a história" daquele período.

Em primeiro lugar, porque, mesmo vivendo em um determinado período histórico, nenhuma pessoa sabe tudo sobre a sociedade em que vive. A sociedade em si é diferente da forma como as pessoas a percebem; e elas não são, a princípio, idênticas àquilo que é pensado por historiadores. Um exemplo: certamente você é capaz de utilizar dinheiro e cartões bancários para as suas compras. Porém, seria função da história não apenas compreender esses usos cotidianos, mas também entender como os saques, os depósitos e os pagamentos individuais (que você provavelmente domina) relacionam-se com o sistema financeiro nacional e mundial (dados que provavelmente você não conhece ou, ao menos, não precisa conhecer para ser capaz de comprar pão e leite).

Em segundo lugar, porque as preocupações teóricas da história podem lançar questões sobre temas que sequer eram considerados pelas pessoas no passado. Nossas discussões a respeito de poder, conflitos de gênero, participação política, circulação da cultura, enfim, temas que são caros a nós no presente, são levados ao passado. São preocupações de nossa época que as pessoas de outros tempos poderiam não ter, ou poderiam pensar sobre elas de forma diferente. O passado não se altera, mas a história que se pode escrever sobre ele está sempre em mudança.

1.1.3 Selecionar para compreender

Mas como determinar o que é relevante quando se estuda história? De tudo o que existiu no passado, como determinar que algo é importante e descartar o que não é? Afinal, não se pode saber **tudo** sobre o passado. Mesmo sobre o menor dos passados há uma infinidade de informações. Isso pode ser exemplificado examinando-se o caso do estadunidense Robert Shields.

Shields foi um pastor, falecido em 2007, que provavelmente sofria de uma condição chamada *hipergrafia*, caracterizada por uma vontade irrefreável de escrever. E Shields escrevia, e muito. Manteve diários pessoais por quase toda a sua vida, registrando tudo o que acontecia com ele em intervalos de alguns minutos. No total, seus diários continham mais de 37 milhões de palavras, equivalente a cerca de 750 livros iguais a este que você lê. Veja, a seguir, um trecho de um de seus diários.

18 de Abril, 1994

6:30-6:35: Coloquei no forno dois pacotes de macarrão com queijo Stouffer a 350°[F].

6:35-6:50: Eu estava na máquina de escrever IBM Wheelwriter escrevendo registros para o diário.

6.50-7.30: Eu comi um macarrão com queijo Stouffer e Cornelia comeu o outro. Grace decidiu que não queria um.

7.30-7.35: Trocamos a lâmpada da varanda do fundo, uma vez que estava queimada. (Slatin, 2012, tradução nossa)

Provavelmente, mais do que ninguém, Shields procurou capturar, em sua obsessão, a totalidade de sua vida. Não é muito difícil ver, porém, que mesmo sua tentativa obcecada falhou em registrar todo seu passado. E mesmo que ele se esforçasse mais, registrando eventos de minuto a minuto, não seria possível registrar toda a experiência de "ser" Robert Shields, de viver sua vida, estar em uma sociedade. Repare que ele, inclusive, marcava em seu diário os momentos em que ele registrava o próprio diário. A sua vida passou a se confundir com os próprios registros dela mesma. Podemos pensar, em uma hipotética situação absurda, que, se sua obsessão aumentasse, ele teria de registrar que estava registrando no diário (o que já aparece acima) para, a seguir, registrar que estava registrando que estava registrando no diário... e, assim, indefinidamente.

A história não busca a reprodução fiel da realidade, mas a criação de um modelo passível de análise. Isso serve, na verdade, para qualquer ciência: a realidade sempre terá de ser selecionada e reduzida para que possa ser estudada.

A versão propriamente histórica da obsessão de Shields foi o desejo, de alguns historiadores do século XIX, de capturar todos os fatos possíveis, de todas as fontes disponíveis. Assim afirmava o francês Fustel de Coulanges (1830-1889):

> já que não pode saber de antemão a causa, ele [o historiador] não deve se contentar em estudar uma categoria específica de fatos; ele deveria cuidadosamente observar todos os fatos, todas as instituições, todas as regulações públicas e privadas, todos os costumes da vida doméstica, e particularmente tudo que se relacione com a possessão de terra. Ele deveria estudar todas estas coisas de antemão de uma maneira cuidadosa, a partir das quais a luz viria a ele. Esse método é lento, mas é o único que é seguro. Não é método do doutrinário, mas do questionador. (Coulanges, 1890, p. 13, tradução nossa)

Porém, esse jamais foi um projeto realizável. Ainda que Coulanges fosse a versão "Robert Shields" da história (e ele era, a princípio, uma pessoa metódica), dois problemas teóricos fundamentais impediam o sucesso de seu ideal. O primeiro: Como selecionar tudo, ou seja, "o todo" de uma época? A opção por selecionar tudo produzirá como resultado não selecionar nada. É o mesmo que faz aquele aluno que, inseguro diante do conteúdo de um livro, passa a sublinhar todas as linhas de todas as páginas – quando tudo está destacado, nada está em destaque.

O segundo problema teórico, porém, é ainda mais importante: as fontes não têm um conteúdo único que se possa extrair delas. Parte do problema de Coulanges, aliás, é que ele não entendia assim as fontes, e acreditava que haveria nelas apenas um único conjunto de informações. Porém, atualmente, sabe-se que uma mesma fonte – como a foto da rua do Ouvidor do final do século XIX – poderá ser utilizada para uma enorme quantidade de pesquisas diferentes: cada pesquisador a observará com determinadas perguntas e extrairá dela diferentes fatos.

A totalidade do passado é irrecuperável, portanto. E isso não é um defeito da história, mas é a simples impossibilidade de se recuperar a totalidade da realidade, por qualquer método que seja. Censurar a história por não ser capaz de reproduzir todo o passado é como reclamar por um mapa não ser tão detalhado quanto o terreno que representa. Ora, se não reduzissem o que representam, os mapas seriam de pouca utilidade, pois os únicos que trariam a realidade completa seriam aqueles que tivessem o mesmo tamanho dos espaços que representassem. Um mapa com escala 1:1, portanto. Mas tudo isso leva a um debate importante para a história. Como selecionar dados do passado de forma que se possa construir um conhecimento coerente sobre ele? Como escolher o que é relevante e o que não é? A seleção dos **fatos** pelos historiadores dependerá dos objetivos da pesquisa e dos problemas que se deseja solucionar. O que se pode saber sobre o passado, portanto, são respostas a determinadas perguntas formuladas pela pesquisa, respondidas com o auxílio das fontes, com o objetivo de encontrar a solução para um problema histórico particular.

1.1.4 OS FATOS HISTÓRICOS

Começamos esta parte do livro com uma pergunta fundamental: O que é um fato histórico? Devemos, primeiramente, defini-lo, se quisermos reconhecê-lo em nossas fontes.

O ditado popular "contra fatos, não há argumentos" capta bem a força persuasiva de um fato, o que também é válido para o estudo da história. No século XIX e no início do século XX (no caso do Brasil, até meados do século XX, para vários profissionais e cursos superiores de História), tinha-se a crença de que o fato histórico era um dado que existia por si. É por isso que, como vimos, Coulanges tinha o ideal de coletá-los em sua totalidade, como se fossem goiabas em uma árvore. Os fatos eram considerados quase um dado da natureza.

O principal pensador que sistematizou as ideias de uma concepção pretensamente científica e objetiva da história foi o alemão Leopold Von Ranke (1795-1880). Ele buscava escrever a história "como realmente aconteceu" – uma expressão que revelava o desejo de Ranke em entender a especificidade de cada momento histórico. Seu objetivo era construir uma narrativa que fosse a expressão da verdade, uma visão objetiva dos eventos e reprodução desapaixonada e fiel do que constava nas fontes históricas, além de imparcial em relação aos resultados obtidos.

Tal concepção, porém, passou a ser questionada no início do século XX. Assim perguntou certa vez o historiador francês Lucien Febvre (1878-1956):

> *Que colocam vocês atrás dessa pequena palavra, 'fato'? Pensam acaso que eles são dados à história como realidades substanciais, que o tempo escondeu de modo mais ou menos profundo, e que se deve simplesmente desenterrar, limpar e apresentar à luz do dia aos nossos contemporâneos?*
> (Febvre, 1978, p. 105)

É importante saber que nem tudo o que aconteceu no passado interessa aos historiadores. Em 1º de janeiro de 1980, o teste 475 da Loteria Esportiva teve 99 apostas ganhadoras com 13 pontos. Esse é um fato do passado, realmente aconteceu, e sua ocorrência independe do que querem, desejam ou pesquisam os historiadores. Porém, não é um fato histórico. Só será um fato histórico quando for utilizado, mesmo que provisoriamente, como argumento à solução de algum problema. **Fato histórico**, portanto, é um acontecimento do passado identificado por vestígios que deixou em documentos e utilizado analiticamente para abordar determinado problema histórico.

É nesse sentido que se diz que a historiadora e o historiador constroem os fatos históricos: lançam questões aos documentos e, assim, obtêm certas informações. A construção dos fatos, portanto, é uma tarefa ativa – questionam-se as fontes tendo em mente os problemas a serem resolvidos –, e não passiva – como se os fatos já estivessem lá e fosse necessário apenas coletá-los. Os dados obtidos se tornarão, assim, fatos históricos. Obviamente, um dado que seja de extrema importância para uma pessoa poderá ser de total irrelevância para outra – nada mais natural, supondo que as pesquisas sejam diferentes. Essas pessoas estarão construindo pesquisas com base em perguntas diferentes, e chegarão, portanto, a diferentes fatos, ainda que sejam analisados os mesmos documentos. E como é o presente, sempre em mudança, que lança questões ao passado, também diferentes fatos, em diferentes momentos, poderão ser extraídos das fontes.

Quando formos analisar mais atentamente as fontes históricas (ainda neste capítulo) e discutir o uso dos fatos para a construção das explicações históricas (no Capítulo 2), veremos que o processo de seleção é complexo, longe de ser óbvio e neutro. Como exemplificou o historiador estadunidense Edward Carr (1892-1982), temos hoje uma nítida impressão de que a religião era um componente fundamental na vida das pessoas na Idade Média. Mas, o quanto dessa impressão não se deve ao tipo de fontes utilizado por historiadores? Afinal, as fontes de que dispomos para o período medieval foram, sobretudo, produzidas por religiosos, que tinham a exata intenção de construir a imagem de um mundo dominado pela fé (Carr, 1996).

Um segundo exemplo: Você sabe cozinhar arroz e feijão? Atualmente, a história da alimentação é um campo em crescimento, e tem se tornado bastante comum a utilização de livros de receitas como fontes históricas. Um historiador do futuro, porém, poderá ter dificuldade em considerar a importância do arroz e do feijão em nossa sociedade, se for basear-se apenas nessas fontes. Afinal, atualmente, supõe-se que todos saibam cozinhar arroz e feijão.

É um tema ordinário que se torna, portanto, esquecido em livros de receitas, pois esse tipo de fonte preocupa-se em ensinar o diferente, o extraordinário, o incomum. Certamente, há muitas coisas importantes a serem apreendidas em livros de receitas, mas historiadores não devem esquecer das coisas que não aparecem lá.

Contudo, como saber o que **não** está em uma fonte? Se você for de uma cultura diferente ou de outro período histórico, como vai adivinhar que nos livros de receitas publicados atualmente está ausente o prato mais comum da culinária nacional? Adivinhar o que não está em uma fonte pode parecer tão absurdo quanto olhar para uma fotografia e tentar descobrir quem não foi retratado nela. Mas há maneiras de identificar, ou ao menos se aproximar, do que está ausente em uma fonte.

A comparação é importante. As fontes "livros de receitas", por exemplo, poderiam ser comparadas com as fontes "listas de produtos da cesta básica". Isso revelaria que os livros de receitas têm destinatários específicos, são produzidos com fins bem definidos e, ainda, estão relacionados a um determinado grupo social – afinal, quem não tem arroz e feijão não irá cozinhar uma madalena com doze ovos.

No geral, portanto (e veremos isso com mais detalhes a seguir), uma fonte deve ser considerada no contexto em que foi produzida, levando-se em conta, ainda, seus objetivos, seus produtores e seus destinatários. Talvez uma historiadora ou um historiador do futuro jamais descubram como se faz arroz e feijão, mas se seguirem uma adequada crítica das fontes, terão ao menos a convicção de que o livro de receitas não revela tudo sobre o que se consome de alimentos numa época.

1.1.5 SELECIONANDO FATOS

Já foi dito que o processo de seleção dos fatos nas fontes históricas depende do problema histórico a ser resolvido e das questões levantadas pela pesquisa. Mas isso ainda diz pouco. Apresentamos, assim, algumas regras que são importantes para esse processo.

- **Primeira regra:** O fato deve ser selecionado em função de sua relevância para a solução do problema destacado pelo historiador, e não pelo seu caráter estético, diferente ou singular. Quando historiadoras e historiadores vão às fontes, é bastante comum encontrarem dados que são inesperados e interessantes. Ainda que os documentos devam ser fichados, é claro, para uma análise posterior (quem sabe não permitirão a elaboração de um artigo, uma monografia, uma tese?), deve-se dar atenção, em primeiro lugar, àqueles dados que estão diretamente relacionados ao problema da pesquisa. E não importa, evidentemente, se a informação coletada concorde hipótese inicial do trabalho ou discorde dela. Historiadores aprendem muito, também, quando estão errados.
- **Segunda regra:** Os critérios de seleção devem ficar explícitos tanto para pesquisadores quanto para leitores. Uma organização aleatória de fatos enfraquece o argumento, não responde aos problemas da pesquisa e é, em geral, um mau procedimento. Sendo os fatos históricos não evidentes, mas consequências de um processo intelectual dos pesquisadores, devem ser estabelecidos da maneira mais objetiva e clara possível. Se agirmos assim, os fatos selecionados terão o rigor adequado para a análise, e evitamos o risco de modificar os parâmetros de seleção à medida que a pesquisa avança. Além disso, previnimos a construção de explicações históricas problemáticas, como conclusões que são fundamentadas

em apenas um fato, ou o perigo de admitir como verdade algo que apenas teve alguma probabilidade de ter ocorrido.

Note, aliás, que esse tipo de seleção está presente mesmo em materiais didáticos. Se a Proclamação da República é considerada um fato importante de 15 de novembro de 1889, por que a prisão de Maria Joaquina do Amor Divino, noticiada no mesmo dia pelo jornal *O Fluminense* (1889), não é? Porque os livros escolares de história têm uma tradição, ainda muito forte, de se centrarem na história política do país. Seu principal tema é, principalmente, a criação e o desenvolvimento dos Estados – embora essa ênfase esteja sendo reduzida. Por isso, os eventos que os autores selecionam são também respostas a certas questões (embora não fiquem evidentes), que são políticas. Para esse tema, a pergunta seria: De que maneira ocorreu a mudança de regime político no Brasil? Ou: Se vivemos hoje em uma república, quando esta se iniciou? É muito comum – infelizmente – que os livros didáticos não tragam explícita a perspectiva com base na qual o texto é escrito – e isso é um problema, já que os fatos que aparecem também em livros escolares não são naturais ou óbvios, ou únicos, ou evidentes, mas resultado de escolhas e da busca por respostas a certas questões.

(1.2)
As fontes históricas

A noção de *fonte histórica* está intimamente ligada à concepção de *história*. Se, no século XIX, o importante era estudar o surgimento e a evolução dos Estados e as relações entre eles, então apenas os documentos oficiais de instituições e governos, e que fossem escritos (imagens, por exemplo, não eram consideradas *fontes*), seriam fontes históricas. E, aliás, como é histórico apenas o documento escrito, as sociedades que não tinham escrita foram denominadas *pré-históricas* – existiam num suposto período que antecedeu à história. Uma expressão que, apesar de equivocada (não existem povos sem história) ainda resiste nos dias de hoje.

A expansão do conceito de fonte histórica está relacionada à ampliação do próprio conceito de história. Insurgindo-se contra o modelo metódico próprio do século XIX – que reduzia o campo histórico à história política e ao surgimento do Estado e era influenciado pela antropologia, pela sociologia e pela psicanálise –, os historiadores das primeiras décadas do século XX começaram a defender que todos os elementos que compõem a sociedade humana poderiam ser objetos de análise histórica. Foi a partir desse momento que todos os vestígios humanos puderam ser tratados como fontes: pinturas, fotografias, revistas, jornais; objetos de uso cotidiano; habitações; cartas e diários; textos literários e jurídicos; canções, vídeos, procissões, rituais. A mudança no conceito de história mudava também a ideia do que eram as fontes históricas.

1.2.1 DOCUMENTOS E SOCIEDADE

Se há uma infinidade de fontes, haverá, pela lógica, uma infinidade de locais onde elas podem ser encontradas. Há algo de verdade nisso, mas não podemos esquecer que existem instituições especializadas na guarda de documentos, como museus, bibliotecas, arquivos públicos e particulares, institutos de pesquisas e, mais recentemente, coleções digitalizadas, que mantêm, catalogam e disponibilizam os mais diferentes materiais.

A criação de arquivos públicos para a guarda de documentos, bem como a preocupação com a preservação da memória de um país, exemplificados pela criação de institutos de pesquisa histórica e museus, são fenômenos relativamente recentes. Eles acompanham tanto a formação dos Estados nacionais quanto o desenvolvimento da história como ciência. Ou seja, é um processo que teve seu início no século XVIII, mas que ganhou força no século seguinte. Com base nessa constatação, podemos pensar: Como, até então, os documentos que hoje consideramos *históricos* eram guardados e por quê? As razões para a preservação variavam muito. Documentos jurídicos eram guardados por sua importância legal pelos governos, usualmente locais; livros poderiam ser preservados nas bibliotecas das Igrejas; diários íntimos, cartas e documentos pessoais eram preservados pelas próprias famílias; o acaso preservou outros tantos.

Um ponto interessante é que, desde o final da Idade Média, os antiquaristas desempenharam um duplo e importante papel: de coleta e preservação de materiais, por um lado, e de desenvolvimento de técnicas de análise de documentos, por outro. Seu apreço por objetos antigos os estimulou a criar coleções particulares que, podemos dizer, formaram as primeiras versões do que seriam, posteriormente, os museus.

Da mesma forma que não se pode ler uma fonte histórica ingenuamente, pois devem ser consideradas as intenções e as condições de quem a produziu, também os arquivos, sejam públicos, sejam privados, não são, por assim dizer, neutros. O processo de arquivamento de documentos para fins de preservação da memória tem a sua própria história e a sua própria intencionalidade.

Uma das mais importantes fontes para a história do Brasil Colônia revela a complexa dinâmica que existe entre o passado e a intencionalidade tanto de documentos quanto de arquivos. Trata-se dos livros que registram a presença de Heitor Furtado de Mendonça, visitador da Inquisição, que esteve na Bahia, em Pernambuco, em Itamaracá e na Paraíba entre 1591 e 1593. No Brasil, nunca existiu propriamente uma Inquisição ou instituiu-se um Tribunal do Santo Ofício. A região, porém, recebeu as chamadas *visitações*, quando representantes do Santo Ofício vinham investigar, sobretudo, práticas judaizantes dos chamados *cristãos novos*, e eventualmente acabavam por investigar outras ocorrências isoladas.

Como esses documentos da Inquisição chegaram até nós, e de que forma demonstram as intencionalidades das fontes e dos arquivos?

Em primeiro lugar, sabe-se que, nessa visitação, foram produzidos nove livros (de denunciações, confissões e ratificações), porém, apenas quatro foram encontrados; ou seja, **os documentos não estão acessíveis aos historiadores em sua integridade**, mas apenas parcialmente. Podemos apenas conjecturar o que continham os materiais desaparecidos, e isso influencia na análise histórica desse acontecimento.

Em segundo lugar, os documentos foram produzidos pela Igreja Católica e guardados nos arquivos da Torre do Tombo, em Portugal – uma instituição ligada ao Estado. A prevalência de documentos de organizações como a **Igreja** e da **administração estatal** em arquivos acabou fazendo com que, durante muito tempo, **historiadores sobrevalorizassem a atuação dessas instituições nas sociedades do passado**. E, pela mesma razão, personagens importantes foram ignorados, como escravizados, servos ou mulheres, cujos vestígios – já socialmente escassos na época – não eram vistos como dignos de serem preservados.

Por fim, os testemunhos presentes nesses **documentos são tomados com base em uma perspectiva muito específica**. Trata-se de confissões dadas perante um visitador da Inquisição. Esperando obter a absolvição, as pessoas confessavam aquilo que, imaginavam elas, o visitador desejava ouvir. Ao mesmo tempo, tudo o que era dito era

Antonio Fontoura

reinterpretado e registrado com base em determinada visão de mundo própria de um representante da Igreja Católica daquele período. Em outras palavras, longe de apresentarem amostras neutras do passado, os documentos que aparecem preservados em arquivos e museus são resultados de escolhas e exclusões, de visões do presente e do passado. Por isso, podemos afirmar que um documento não existe por si só, mas é "produto da sociedade que o fabricou, segundo as relações de forças que aí detinham o poder" (Le Goff, 1984, p. 98). Portanto, a própria existência de um documento tende a ser indício de determinadas relações sociais. Trata-se do que Jacques Le Goff (1924-2014) afirmou ser a dimensão "monumental" de um documento: as condições históricas de sua produção e sua intencionalidade, ou seja, o resultado do "esforço das sociedades históricas para impor ao futuro – voluntária ou involuntariamente – determinada imagem de si próprias" (Le Goff, 1984, p. 538).

> As fontes históricas podem ser **primárias** ou **secundárias**. Fontes primárias são aquelas produzidas no período histórico que se pretende analisar. São testemunhos daqueles que participaram ou vivenciaram os eventos estudados. As fontes secundárias são estudos sobre o evento que se analisa: a historiografia, portanto, faz parte das fontes secundárias. Neste livro, quando mencionarmos *fontes* estaremos nos referindo sempre às fontes primárias.

Quando presentes em arquivos públicos ou privados, as fontes históricas são encontradas de uma maneira mais fácil. Em geral, esses locais possuem catálogos – alguns disponíveis na internet –, o que facilita a sua consulta. Além disso, várias são as instituições, tanto nacionais como internacionais, que estão digitalizando suas coleções, permitindo assim o acesso a materiais, o que, de outra maneira, seria muito difícil e custoso. Da mesma forma, a ausência de determinados documentos nas instituições de guarda de arquivos também revela o que se entende por *documento* e por *história*. É aí que surge a dificuldade, por exemplo, de estudar o passado de determinados grupos (como escravizados e trabalhadores) e temas (como a sexualidade). Isso acontece porque documentos necessários para construir essas histórias não foram tidos, muitas vezes, como relevantes para serem guardados e acabaram perdidos.

1.2.2 A ANÁLISE DE FONTES

O primeiro passo para trabalhar com uma fonte é retirar dela os dados de sua produção, bem como o seu conteúdo explícito. Tratando-se de um documento escrito, por exemplo, inicia-se com sua decifração, leitura e contextualização. Isso pode ser simples para uma notícia de jornal recente: especialmente se temos familiaridade com o idioma, pois, assim, não deve haver problemas com relação à interpretação do documento. Para textos mais antigos, porém, a situação se complica.

Figura 1.2 – Linhas iniciais da carta de Pero Vaz de Caminha

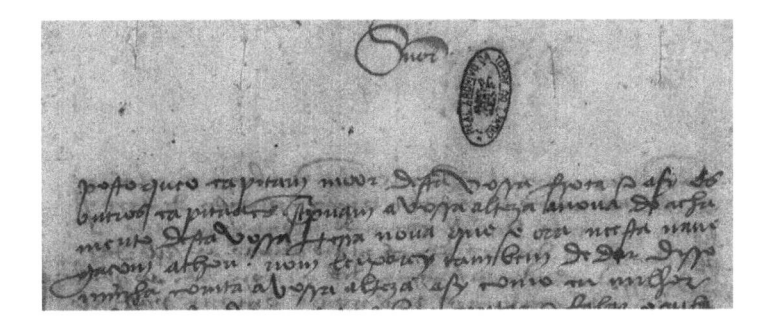

Na Figura 1.2, vemos as primeiras linhas da famosa carta de Pero Vaz de Caminha. No topo da página está escrito "Sñor", ou *Senhor*, em português moderno. Você consegue entender algo da primeira linha? Tente.

Como podemos perceber, entender o texto é muito difícil para quem não tem experiência com documentos dessa época. Lê-se, na grafia de 1500, "posto que o capitam moor desta vossa frota e asy os [...]".

Diferentes documentos exigem, portanto, diferentes especialidades, como aprender a ler textos manuscritos medievais ou modernos. Além disso, a leitura de um texto em um idioma que você domina é diferente de tentar analisar textos escritos em línguas com as quais você não se sente seguro. Mais complexo ainda é trabalhar com traduções de textos, o que pode impedir a compreensão de importantes detalhes do contexto original em que o documento foi produzido. Além disso, a interpretação de um documento legal é diferente, por exemplo, da de um artigo de revista, em que a diagramação é um componente importante da informação. Não podemos esquecer, também, que outros tipos de documentos exigem métodos específicos: métodos de análise de imagens são diferentes dos de monumentos, que, por sua vez, serão diferentes dos usados para objetos de uso cotidiano.

Um exemplo da importância da contextualização está na imagem. Observe a Figura 1.3.

Figura 1.3 – Criança desenhando no quadro-negro

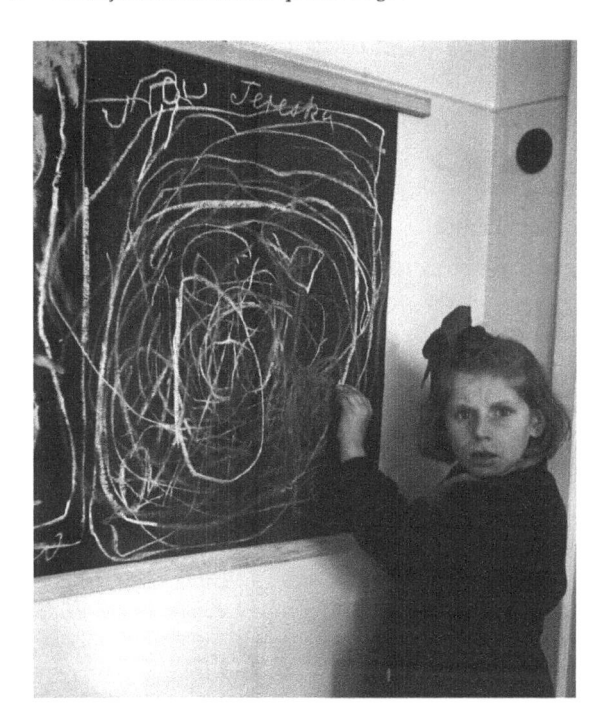

David Seymour/Magnum Photos / Fotoarena

Sem quaisquer informações, parece ser apenas a imagem de uma criança flagrada rabiscando no quadro-negro. Uma imagem que, inclusive, pode evocar sentimentos ligados ao lúdico.

Porém, a contextualização adequada da imagem muda essa impressão. Trata-se de uma fotografia de 1948 tomada em um centro para reabilitação de crianças em Varsóvia, na Polônia, após a Segunda Guerra Mundial. A menina da foto havia passado parte importante de sua infância em campos de concentração, e o significado de seu desenho é revelado em um artigo da época:

> *As feridas das crianças não são apenas exteriores. Aquelas provocadas na mente por anos de sofrimento levarão anos para serem curadas. Em*

Antonio Fontoura

Varsóvia, em um instituto que cuida de algumas das milhares de crianças "perturbadas" da Europa, foi pedido a uma menina polonesa, de nome Tereska, que desenhasse a figura de seu lar. Esses terríveis garranchos foram o que ela desenhou. (Children..., 1948, p. 17, tradução nossa)

Com o contexto, o significado da imagem e sua interpretação modificam-se radicalmente[1].

Esses exemplos procuraram demonstrar o quão essencial é a correta identificação dos elementos básicos de uma fonte.

> Segundo o historiador italiano Carlo Ginzburg (1939-), os historiadores trabalham de forma semelhante a investigadores ou caçadores: analisam indícios esparsos com base em documentos para, então, construir conclusões. As menores pistas, por vezes desconexas entre si, eram organizadas por Sherlock Holmes em uma explicação lógica para indicar o culpado por um crime. Por sua vez, galhos quebrados, pegadas na areia, odores e sons são também selecionados e organizados pelo caçador para encontrar sua presa. Os historiadores atuam de forma semelhante: organizam evidências do que pesquisam nas diferentes fontes que estudam, de modo a construir uma explicação histórica. Unem os diferentes vestígios em um determinado argumento, fundamentado nas fontes históricas.
>
> Este método, que seria próprio da pesquisa histórica, foi denominado por Ginzburg de **paradigma indiciário**, justamente por se basear em indícios (Ginzburg, 1990).

---

[1] Um outro exemplo da importância da contextualização pode ser identificado em uma imagem produzida em 1942, durante a Segunda Guerra Mundial, que você poderá visualizar no endereço <http://documentosefontes.blogspot.com.br/2016/12/teste-das-minas.html> (a imagem não é reproduzida aqui, por problemas de direitos autorais). Trata-se, a princípio, da simples imagem de uma mulher cruzando um rio, e nada mais. Mas, ao contextualizarmos sua produção, todo caráter de tranquilidade que a imagem poderia transmitir desaparece. Afinal, a fotografia que passou a ser conhecida sob o título de "Teste das minas" ("Die Minenprobe", em alemão) retrata uma mulher soviética que é obrigada por soldados alemães a atravessar um rio no qual se acreditava conter minas explosivas. Com o contexto, o significado da imagem é profundamente alterado, inclusive destruindo nossa percepção inicial.

Idealmente, as evidências devem estar necessariamente ligadas às questões respondidas e o mais próximo temporalmente do evento analisado. Além disso, devem ser afirmativas: há um ditado entre historiadores que diz que "a ausência da evidência não é evidência da ausência" – ou seja, não existir nas fontes não implica não ter existido no passado. Há que se considerar o contexto do período, as condições sociais dos atores envolvidos e a própria preservação dos documentos.

Além disso, ainda que as conclusões sempre sejam probabilísticas – podemos ter um grau alto ou baixo de certeza, mas nunca a verdade absoluta –, todas as afirmações presentes em um texto histórico devem ser sustentadas por evidências. São elas que dão solidez ao argumento da historiadora e do historiador.

1.2.3 Fontes verdadeiras e fontes falsas

Em 1983, a revista alemã *Stern* publicou a manchete: "Diários de Hitler descobertos". Segundo a reportagem, a revista havia conseguido acesso a dezenas de cadernos de anotações que seriam o diário pessoal de Adolf Hitler. Antes de editar a revista, porém, foi solicitado ao historiador britânico Hugh Trevor-Roper que autenticasse o material. Trevor-Roper os examinou e garantiu que eram verdadeiros. Segundo ele, ninguém se daria ao trabalho de forjar 60 volumes de um diário.

Porém, os diários eram falsos. A credibilidade de Trevor-Roper foi abalada. Não só ele se deixou enganar pela aparência externa e pela quantidade do material, como não tinha condições de confirmar o conteúdo dos diários, pois não sabia ler a antiga escrita gótica alemã, que era a usada por Hitler e que aparecia ali falsificada.

Atualmente, casos como esse são incomuns, e por duas razões. A primeira é que as falsificações tendem a encontrar peritos mais bem preparados para identificá-las – e entre esses peritos estão, é claro, os historiadores. Ninguém é, obviamente, infalível (Trevor-Roper foi um grande historiador), mas, na atualidade, a capacidade dos historiadores de determinar falsificações demonstra, também, a qualidade objetiva do conhecimento que produzem. Como afirma o historiador francês Roger Chartier (1945-):

> o trabalho dos historiadores sobre a falsificação, que cruza com o dos historiadores das ciências, ocupados com o maxilar de Moulin-Quignon ou com o crânio de Piltdown, é uma maneira paradoxal, irônica, de reafirmar a capacidade da história de estabelecer um conhecimento verdadeiro. Graças a suas técnicas próprias, a disciplina está apta a fazer reconhecer as falsificações como tais, portanto a denunciar os falsários. (Chartier, 1994, p. 100)

Mas como se identifica que uma fonte não é falsa? Uma estratégia importante é compará-la com outras evidências do período. Por muito tempo, especulou-se se a cidade de Troia, famosa pelos poemas homéricos, era ou não verdadeira, até que o arqueólogo alemão Heinrich Schliemann (1822-1890) identificou as ruínas da cidade. Isso permitiu, por um lado, conhecer melhor aquelas cidades antigas e, por outro, ter uma percepção mais profunda, por comparação, dos eventos narrados por Homero.

De toda forma, a abordagem de fontes consideradas "falsas", na atualidade, é diferente, também, por conta das mudanças no conceito de história. Como no século XIX eram considerados válidos apenas os documentos oficiais verdadeiros, não seria possível construir qualquer história de um Estado com base em informações falsas. Assim, tudo o que era entendido como "falso" era simplesmente descartado.

Mas nos dias de hoje, um documento identificado como falso, ou mesmo mentiroso, pode ser utilizado como fonte histórica, desde que abordado com base em uma perspectiva adequada. Um exemplo: a historiadora brasileira Janaína Amado utilizou-se da técnica da história oral – fundamentada, portanto, em entrevistas – para estudar a chamada Revolta do Formoso, ocorrida no estado de Goiás durante os anos 1950 e 1960. Um de seus informantes lhe pareceu especialmente importante: o Senhor Fernandes, que não apenas tinha uma memória viva, mas uma capacidade narrativa que parecia torná-lo um informante ideal. Após analisar o conteúdo da entrevista e compará-lo com outros que havia coletado e com dados da época, ela descobriu que o Senhor Fernandes era, nas palavras dela, "um grande mentiroso" (Amado, 1995, p. 125). Sem dúvida, para a reconstituição da Revolta do Formoso, seu depoimento havia sido de nenhuma ajuda. Porém, esse depoimento não foi descartado. Na verdade, demonstrou-se uma interessante fonte histórica, pois, como Amado percebeu, a história contada pelo Senhor Fernandes, construída com base em personagens de sua realidade, tinha a mesma estrutura de um romance bem conhecido, *Dom Quixote*, de Miguel de Cervantes. Podia, assim, ser utilizada para discutir importantes questões relacionadas à história, à memória, à recuperação de lembranças e à própria metodologia da história oral.

Vários outros documentos que podem ser claramente definidos como "falsos" têm sua importância história. O *Plano Cohen* foi um falso plano, datado de 1937, que detalhava uma tentativa comunista de tomada do poder no Brasil. Utilizado para reforçar o poder de Vargas, foi escrito na verdade por um membro do serviço secreto do governo. Outro famoso documento falso são os *Protocolos dos Sábios de Sião*, que revelaria uma suposta tentativa de dominação mundial pelos judeus. Em vários momentos e locais diferentes, esse documento foi utilizado para reforçar o antissemitismo. Foi provavelmente criado na Rússia, no início do século XX.

Identificar ambos os documentos como falsos foi resultado do conhecimento histórico, ao mesmo tempo que se tornou importante discutir por que eles foram falsificados, como foram recebidos e quais os impactos que provocaram.

Sabemos, no entanto, que ao menos uma falsificação contribuiu diretamente para o desenvolvimento da moderna crítica dos documentos – isto é, a verificação da autoria, da linguagem utilizada, da coerência com o contexto histórico. A *Doação de Constantino* foi utilizada, no século XIII, para embasar as alegações papais de autoridade sobre determinadas regiões europeias. O primeiro a identificar que se tratava de uma falsificação foi o humanista Lorenzo Valla (1407-1457), nascido na região em que hoje é Itália. Ele chegou a essa conclusão analisando a linguagem em que a doação havia sido escrita, e descobriu que o latim utilizado não estava de acordo com o período alegado do documento, que supostamente era o século IV. A conclusão a que Valla chegou é importante para a teoria da história porque ele analisou a veracidade de um documento com base em evidências; além disso, revela a consciência de Valla em compreender que pessoas de períodos diferentes usavam a linguagem de maneira diferente; ou seja, que a linguagem mudava com o tempo.

Ainda assim, mesmo documentos que contenham elementos fantasiosos podem ser importantes, desde que analisados adequadamente. Um exemplo é a autobiografia do aprendiz de tipógrafo Nicolas Contat, que viveu em Paris nos anos 1730. Nela, entre outros eventos, é narrada a história de um massacre de gatos, que foi contada por Contat como se fosse uma grande piada. Sendo ou não reais os eventos narrados, seu autor esperava que a história fosse entendida como divertida pelas pessoas de sua época.

A caçada é logo organizada. Os aprendizes resolvem fazer uma limpeza completa e os assalariados aderem ao grupo. [...] Penduram sacos nas janelas do sótão e dos depósitos, para pegar os gatos que tentarem escapar pulando para fora. [...] A primeira coisa que saem procurando é la grise, a gatinha de Madame. Léveillé a atordoa com um rápido golpe nos rins e Jerome a liquida. [...] Os homens provocam terror nos telhados. Tomados de pânico, os gatos se atiram nos sacos. Alguns são mortos na hora. Outros são condenados à forca, para o divertimento de toda a gráfica. Os tipógrafos sabem rir; é sua única ocupação. (Contat, citado por Darnton, 1986, p. 138)

Matar *la grise* ("a cinza") era, também, uma forma metafórica de se rebelar contra a Madame, a esposa do proprietário da tipografia. As mortes eram, aliás, precedidas de encenações de julgamentos, em que os gatos, representando burgueses, eram condenados e executados. Também se tratava, portanto, de uma pequena revolta social, ainda que simbólica.

Tendo ou não o massacre de gatos ocorrido como narrado por Contat, o fato é que ele e seus leitores compartilhavam a noção de que aquele seria um episódio divertido. Revela muito sobre como eles compreendiam diversão, burgueses e, claro, gatos.

1.2.4 A INTERPRETAÇÃO DE DOCUMENTOS

O primeiro passo para uma adequada análise histórica é o conhecimento devido das fontes com as quais se trabalha. Não existem documentos que sejam mais ou menos verdadeiros, mais ou menos intencionais. Heranças podem ser sinais de riqueza ou divisão social, reflexos de formas de pensamento, resultados de crenças mais ou menos explícitas. Índices de mortalidade e escalas de salário podem ser alteradas por motivos pragmáticos (sugerir desenvolvimento social ou evitar pagamento de impostos), e não são, assim, imutáveis. Podemos pensar em Pero Vaz de Caminha, por exemplo. Ele tinha vários interesses quando escreveu sua carta. Alguns deles, absolutamente privados (aproveitou a oportunidade para pedir que fosse revogada a pena de banimento a Jorge de Osório, seu genro). Outros, compartilhados culturalmente (são destacadas, por exemplo, a aparência dos indígenas em comparação com a dos europeus) e derivados de sua posição de funcionário do Estado (de onde surge sua preocupação com o ouro e com a riqueza da terra – ou seja, a possibilidade de exploração dela).

A historiadora e o historiador devem estar atentos às influências sociais e culturais no momento da análise das fontes e na construção das explicações históricas. Os pressupostos, o papel social do autor ou dos autores dos documentos, seus contextos, são todos elementos que fazem parte das fontes e devem ser investigados, pois são informações em si, isto é, são elementos que também devem ser analisados, contextualizados, historicizados.

Mas como se faz isso? Que elementos devem ser considerados? Os itens elencados a seguir, necessariamente incompletos (pois cada fonte, bem como cada objeto de pesquisa, tem sua própria especificidade), objetivam ser uma primeira aproximação crítica às fontes históricas.

Dados sobre o autor do documento

- O autor do documento pode ser identificado? Quem é?
- Trata-se de um documento que representa uma posição pessoal (por exemplo, um diário, uma fotografia familiar) ou está ligado a alguma instituição (um relatório governamental, uma imagem encomendada por uma instituição religiosa, um *site* produzido para um grupo político)?
- O autor do documento tinha alguma filiação partidária, religiosa, ideológica? – Ainda que não se deva cair na chamada falácia *ad hominem* (ou seja, rejeitar afirmações apenas pela posição social de uma pessoa), um empresário terá uma visão diferente sobre determinada situação da de um operário, e também terá um vocabulário próprio.
- Qual o contexto em que o documento foi produzido? Ou seja, qual sua relação imediata com os eventos históricos em que está inserido? – Um discurso de Churchill em 1944 é imediatamente associado à Segunda Guerra Mundial; não tão automática é a associação entre a criação do personagem Zé Carioca e a chamada *política da boa vizinhança* dos Estados Unidos, em meados do século XX.
- Era necessário produzir o documento (sob ordens, como um relatório de prisioneiros) ou se tratou de uma decisão pessoal (como as anotações de uma viagem)?
- Havia restrições conjunturais que o autor do documento deveria seguir no momento de sua produção (um filme, por exemplo, que se sabe que seria remetido à censura para avaliação)? Ou, ao contrário, havia um sentido de dever para a produção do documento?
- O autor do documento tinha autoridade para produzi-lo? – Martinho Lutero, por exemplo, não tinha autoridade para publicar suas 95 teses). Caso tivesse, quem a concedeu? – por exemplo, um médico fala em nome da instituição da medicina; um professor, da instituição educacional em que trabalha.
- A linguagem utilizada é adequada ao contexto?

Antonio Fontoura

Sobre o tipo de documento

- Qual a data de produção do documento?
- O documento é composto de quais materiais? – Um busto em mármore tem diferente impacto social que uma projeção cinematográfica.
- O documento foi pensado para uma existência efêmera ou duradoura? – Um cardápio seria utilizado por apenas uma noite; a pirâmide de Queóps deveria durar toda a eternidade.
- Qual o tipo de documento? Qual a tradição, ou tipologia, em que esse documento se insere? – Diários pessoais têm características semelhantes entre si, assim como as correspondências; as esculturas, os monumentos, as fotografias etc. são **tipos** diferentes de documentos.
- De que forma o documento se assemelha a outros do mesmo tipo? De que forma se difere? – Uma pintura tem mais relação com outros quadros da mesma época do que com a sociedade do período em que foi produzido; conhecer o tipo específico de fonte tem como objetivo entender melhor suas características.

A quem o documento foi direcionado (o destinatário)

- O documento foi produzido pensando-se em um destinatário específico? A quem ou a qual grupo? – Uma correspondência pessoal tem um destinatário específico; um manifesto pode ser direcionado a um grupo ou a toda a população.
- O documento atinge destinatários implícitos? – Um templo religioso dirige-se primeiramente aos próprios fieis; mas, implicitamente, a todos aqueles que não professam a mesma fé.
- Quem tinha autorização, obrigação e direito de acessar o documento? – Uma reportagem em um jornal é de livre acesso; a carta de Caminha deveria ser lida apenas pelo Rei de Portugal.
- Qual a relação entre o destinatário e o autor do documento? – Há diferentes implicações entre discursos feitos para membros de seu próprio grupo (como um historiador falando em um congresso) e aqueles feitos para grupos diferentes (uma confissão escrita usada em um tribunal).
- Os destinatários teriam condições de entender o documento?

> **Sobre o conteúdo do documento**
>
> - Qual o conteúdo explícito do documento? – Uma estátua de Tiradentes na praça central da cidade tem, como conteúdo explícito, representar Tiradentes.
> - Qual o conteúdo implícito do documento? – A imagem de Tiradentes remete, também, ao nacionalismo, a sentimentos de brasilidade, de seu sacrifício pela pátria.
> - O que o documento está omitindo? – Durante o regime militar, os manuais de Educação Moral e Cívica jamais falavam sobre a sexualidade. Embora a família fosse tema importante, o sexo (por ser tema considerado perigoso) era omitido. Essa omissão tem significados.
> - O documento é explícito naquilo que diz? De que formas de representação se utiliza? – Um texto com linguagem técnica será recebido diferentemente de outro, repleto de alegorias.
> - Há símbolos, metáforas, técnicas, para produzir determinados significados? Existem afirmações que apelam ao sentimento das pessoas?

Como vemos, é uma longa lista e, ainda assim, incompleta. É importante ressaltarmos que diferentes documentos deverão ter diferentes abordagens. Numa pintura, por exemplo, deverão ser consideradas as dimensões do quadro, seu local original de exibição, o estilo utilizado, bem como o uso das cores, das linhas, a representação do movimento. Num monumento, por sua vez, deverá considerar-se a localização específica em que se encontra, detalhes de seu uso, suas dimensões.

1.2.5 E QUANDO NÃO HÁ DOCUMENTOS?

Certa vez, o escritor inglês Anthony Burgess (1917-1993) afirmou que preferia que fosse descoberta uma lista das roupas sujas de Shakespeare do que uma nova obra do autor que fosse ainda desconhecida. Afinal, ainda que ínfima, a lista lançaria alguma luz sobre a personalidade de Shakespeare e permitiria uma melhor análise das relações entre a obra e a vida do autor, sobre as quais pouco se sabe. Isso nos leva a um questionamento: O que se faz quando não há documentos? De modo geral, conjectura-se, especula-se. De fato, quando não existem fontes, historiadores devem fazer suposições. Isso faz parte de seu trabalho. São suposições embasadas, fundamentadas em trabalhos de outros historiadores ou em analogias com fontes semelhantes. Mas, ainda assim, são suposições.

Imagine que estamos estudando a população de Paranaguá, uma cidade litorânea do Paraná, no século XVIII, e que nos tenha chegado às mãos o documento a seguir. Trata-se de um mandado de prisão, emitido em 1716 por representantes da Inquisição, contra Manuel Rodrigues Penteado, lavrador de cana. O documento diz:

> Os Inquisidores Apostólicos contra a herética pravidade [maldade] e apostasia nesta Cidade de Lisboa e seu distrito, mandamos a qualquer familiar ou oficial do Santo Ofício que na vila de Paranaguá, Bispado do Rio de Janeiro, ou onde quer que for achado Manoel Rodrigues Penteado, cristão novo, morando na vila de Paranaguá, filho de Antônio Nunes Penteado e Ana Rodrigues, natural de Idanha-a-Nova, bispado da Guarda, e morando na Vila de Paranaguá, Bispado do Rio de Janeiro. (Arquivo Nacional Torre do Tombo, 1716)

Por esse documento, sabemos que Manuel Rodrigues Penteado nasceu em Idanha-a-Nova, região que está situada no centro de Portugal. Sabemos os nomes de seus pais e, também, que era lavrador de cana em Paranaguá. O que o documento fornecerá de dados dependerá, obviamente, dos problemas históricos que pretendemos resolver.

Podemos estar estudando a composição populacional de Paranaguá à época; ou as correntes migratórias portuguesas no século XVIII; ou mesmo preocupados com a estrutura da população de

Idanha-a-Nova nos anos 1700. Para estudos como esses, uma questão importante – e que os documentos não respondem – é: Que motivos fizeram Manuel Rodrigues Penteado deixar Portugal? De que maneira chegou ao Brasil? O que foi procurar em Paranaguá, ou de que forma acabou ficando por lá?

Sem documentos que suportem uma resposta fundamentada em evidências diretas, resta aos historiadores fazer suposições com base no que é conhecido. Por exemplo: no final do século XVII e início do XVIII, Paranaguá, juntamente com as minas próximas de Iguape e Curitiba, produziam entre 20 a 30 kg de ouro, anualmente. Houve, por conta disso, uma migração para essa região, que atraía pessoas interessadas em uma possível riqueza a ser obtida com a mineração. Porém, o ouro rapidamente se esgotou, e a exploração ali acabou ainda na primeira metade do século XVIII. Considerando esses dados, uma boa suposição é a de que Manuel Rodrigues Penteado tenha ido a Paranaguá em busca de ouro, como tantos outros portugueses, e se tornado mais um imigrante em busca de riqueza (no que parece não ter tido sucesso, pois à época ele estava trabalhando na lavoura).

É uma boa suposição. Liga o indivíduo a um contexto histórico e social do período. É possível, e mesmo provável que tenha sido o caso de Manuel. Mas não podemos, obviamente, dar certeza em relação a isso, e é aqui que o uso do raciocínio histórico se limita. Manuel pode ter ido a Paranaguá por uma infinidade de motivos: desejo de aventura; fuga apressada do país por medo; expectativa de se tornar proprietário de terras; ter parentes morando na cidade; pode, inclusive, não ter ido a Paranaguá inicialmente, mas passado por outras regiões, até mesmo fora do Brasil. Na verdade, podemos pensar em infindáveis razões para que Manuel, nascido em Portugal, estivesse cortando cana-de-açúcar em Paranaguá em 1716.

Antonio Fontoura

Assim, a hipótese da relação de Manuel Rodrigues Penteado com a exploração do ouro é boa, mas, ainda que seja resultado de uma suposição fundamentada em estudos históricos, não é mais do que uma hipótese. Portanto, ela deve ser considerada como tal até que outros documentos possam confirmá-la ou descartá-la. Isso, é claro, pode nunca acontecer.

Escolas históricas: a escola metódica

Dá-se o nome de *escola metódica*, ou *positivista*, à escola historiográfica surgida na França, nas últimas décadas do século XIX, influenciada pelas ideias e práticas do historiador alemão Leopold von Ranke. Foi com Ranke que surgiu uma crítica ao modelo de história construído até então na Europa, que era caracterizado pelas limitadas pesquisas em fontes primárias, permeado de especulações e mitos e, em geral, muito pouco "científico". Ao contrário, para Ranke a história deveria se constituir em uma ciência positiva, e isso seria obtido por meio de uma análise objetiva do passado, que desse um fim às especulações, e da construção de um conhecimento que partisse dos dados obtidos em documentos.

Esse método de produção de conhecimento histórico influenciou intelectuais franceses que ampliaram e difundiram um modelo metódico para a história. E, devido à influência francesa na intelectualidade brasileira do período, tornou-se um modelo de história bastante difundido no Brasil, presente não apenas no trabalho de historiadores profissionais, mas também popular em livros didáticos.

Sua influência partiu de uma publicação fundada por Gabriel Monod (1844-1912) chamada *A revista histórica*, em 1876. Nela, Monod buscou implementar um método essencialmente científico e positivo da história: baseava-se em fatos naturalmente encontrados em fontes pelo historiador, que os organizaria cronologicamente em uma narrativa neutra e produziria, ao final, um trabalho efetivamente objetivo. Centrava-se na história política e na ação de "grandes homens", isto é, pessoas com poder político em cada época histórica.

Tratava-se, assim, de uma visão de história que privilegiava a ação de determinados personagens, tomados individualmente, e reduzia a influência do contexto. Era um modelo essencialmente narrativo, pois procurava descrever as intenções dos autores, os motivos que os levaram a determinada ação, bem como as consequências de suas decisões.

Importante para a difusão da escola metódica foi a publicação de um popular manual de história, *Introdução aos estudos históricos*, de Charles Langlois (1863-1929) e Charles Seignobos (1854-1942), em 1898. Nesse manual, os autores centraram sua atenção na análise dos documentos: em um primeiro momento, deveria ocorrer uma crítica externa, o que envolvia a localização da fonte, a comprovação de sua originalidade (de que não era uma falsificação ou cópia), a indicação do autor e da data. Seguia-se, então, para a crítica interna, com a busca do sentido desejado originalmente pelo autor do documento e das condições nas quais foi escrito.

Ainda que a escola metódica se proclamasse objetiva, rejeitasse especulações e afirmasse adotar uma abordagem neutra, na prática ela se apresentava como profundamente nacionalista. O modelo metódico de produção histórica foi o responsável por construir narrativas que foram utilizadas, pelos Estados-nação, para a fundação de mitos de justificação patriótica.

Síntese

A história é uma forma específica de conhecimento, produzida segundo determinadas regras e tendo como objetivo conhecer o presente. Para isso o passado se torna uma forma de conhecermos nossa própria realidade atual. Além disso, a história apresenta uma determinada tradição – ou seja, autores, temas e instituições que são ligados ao seu modelo de produção de conhecimento – e, principalmente, teoria e métodos que são exigidos para que as análises que ela produza sejam rigorosas e verificáveis.

A atuação da historiadora e do historiador é fundamental para a produção do conhecimento histórico. Os fatos não estão dormentes em documentos, aguardando serem simplesmente coletados e organizados, como se faz com uma coleção de borboletas. Compreendendo o documento de uma forma ampla, a história é produzida com base em questões construídas no presente e lançadas por historiadores em vestígios do passado: as fontes históricas.

Antonio Fontoura

Atividades de autoavaliação

1. Assinale verdadeiro (V) ou falso (F) para as afirmações que seguem. Depois, marque a alternativa que apresenta a sequência correta:
   ( ) O objetivo final da história é entender todo o passado, em todos os tempos.
   ( ) Recortes temporais são úteis, mas não imprescindíveis aos estudos históricos.
   ( ) A história tem autores que são próprios de sua tradição teórica, ou seja, a própria história tem a sua história.
   a) V, V, F.
   b) V, V, F.
   c) F, V, V.
   d) F, F, V.

2. Assinale verdadeiro (V) ou falso (F) para as afirmações que seguem. Depois, marque a alternativa que apresenta a sequência correta:
   ( ) A história tem como função incutir o sentimento nacionalista e patriótico nas pessoas.
   ( ) Toda história é, em primeiro lugar, política. Tudo o mais é determinado pela estrutura política da sociedade.
   ( ) Os historiadores participam, no momento de sua pesquisa, da construção dos fatos que servirão aos seus estudos.
   a) V, V, V.
   b) F, V, F.
   c) F, F, V.
   d) F, V, V.

3. Sobre os fatos históricos, é correto afirmar:
   a) Os fatos existem naturalmente nos documentos históricos.
      Historiadores diferentes encontrarão os mesmos fatos históricos registrados nos documentos.
   b) Para os historiadores do século XIX, a seleção dos fatos nos documentos era não apenas desejável, mas necessária, e deveria partir das intuições do pesquisador.
   c) Fatos históricos presentes em livros didáticos são incontestáveis; afinal, foram selecionados por historiadores capacitados e, assim, estão livres de equívocos.
   d) A seleção de fatos históricos na análise dos documentos depende das questões a serem respondidas pela pesquisa.

4. Comparando-se com as concepções teóricas dos historiadores do século XIX, a história na atualidade trabalha com uma concepção diferente de "documento histórico". Sobre essa questão, assinale a afirmativa correta:
   a) Enquanto para os historiadores metódicos do século XIX os documentos históricos eram apenas aqueles escritos, atualmente se considera que todo vestígio humano pode ser utilizado como documento histórico.
   b) Se para os historiadores do século XIX a história era fundamentalmente política – sendo as leis e os tratados suas fontes primordiais –, atualmente ela está centrada nas questões econômicas. Por isso, os documentos devem ser aqueles passíveis de serem colocados em séries numéricas.
   c) Para os historiadores da atualidade, os documentos históricos devem ser considerados sempre do ponto de vista cultural, caso contrário, serão determinados pela economia ou política e, portanto, desconsiderados.

Antonio Fontoura

d) Ainda que os documentos históricos continuem a ser apenas os escritos, os historiadores da atualidade utilizam-se de métodos específicos de crítica interna e externa às fontes, desenvolvidos em finais dos anos 1970.

5. Sobre o paradigma indiciário, é correto afirmar:
   a) Foi substituído pelo modelo teórico da escola metódica devido a seu caráter nacionalista e parcial.
   b) Caracteriza-se pela cientificidade e objetividade, pois deve ser fundamentado em dados advindos das ciências naturais.
   c) Afirma que a explicação história se constrói com base em indícios, pistas ou rastros, que podem ser buscados nos documentos históricos.
   d) Permite a historiadores estabelecer analogias entre diferentes períodos, eventos e fatos históricos, por meio de conceitos rigorosos.

Atividades de aprendizagem

Questões para reflexão

1. Explique por que as concepções atuais a respeito de documentos históricos, por parte dos historiadores, permitem a produção de explicações mais abrangentes da história. Pense em termos comparativos em relação às concepções dos historiadores metódicos.

2. Certamente, Heródoto ou Tucídides não eram *historiadores* no sentido que hoje se dá ao termo. Porém, o que os aproxima da atualidade é o fato de que suas pesquisas, questões, dúvidas, problemas relacionam-se também com o período em que viviam. De que maneira o presente influencia as questões lançadas pelos historiadores sobre o passado?

Atividade aplicada: prática

Escolha um documento histórico qualquer, que você goste ou prefira. Pode ser um texto, uma imagem, um vídeo, uma música. A seguir, utilize o roteiro presente no item "A interpretação de documentos" para realizar a análise do documento que você escolheu. Procure identificar o maior número possível de itens indicados.

Capítulo 2
A importância da teoria

Neste capítulo, apresentaremos as razões pelas quais a teoria é importante para os trabalhos históricos. Entendemos que, sem o suporte teórico, os textos históricos podem se tornar contraditórios, ingênuos e, até mesmo, equivocados. Demonstraremos, assim, como as definições teóricas permitem a construção de um conhecimento rigoroso que tornará relevante os resultados de uma pesquisa histórica.

(2.1)
O QUE É *TEORIA*?

O que podemos entender por *teoria* ou, mais especificamente, por *teoria da história*? Em síntese, é o uso da racionalidade e do pensamento indutivo de modo a construir análises rigorosas dos eventos históricos.

Não existe uma única teoria da história (embora certas filosofias da história tenham essa pretensão). O que existem são teorias mais ou menos abrangentes e específicas que buscam organizar, de forma generalizante, os dados históricos disponíveis. O pensamento teórico pressupõe uma ação crítica e racional sobre os dados existentes, além de oferecer mecanismos intelectuais para aperfeiçoar a análise histórica. Liga-se, dessa forma, diretamente à metodologia.

Entre as múltiplas funções da teoria, estão:

- organizar modelos explicativos (o atraso no desenvolvimento industrial brasileiro no século XIX tem relação com a manutenção de um perfil econômico agrário-exportador);
- precisar conceitos (gênero é a identificação de determinadas características sociais baseadas em diferenças físicas percebidas entre homens e mulheres);
- possibilitar análises (como definir de que modo se estabelece a causalidade – ou seja, as causas – em história).

Há duas grandes maneiras de examinarmos a ideia de *teoria* nos estudos de história. Primeiro, *teoria* pode significar **modelos de análise**. Nesse sentido, a teoria procura aprimorar o raciocínio histórico, além de evitar erros como anacronismo e falácias ou confundir a origem de um evento com sua explicação. Trata-se, por assim dizer, de uma teoria do pensamento histórico.

O que abrange esse primeiro entendimento de *teoria*? Abrange temas como as ideias de causalidade, o que significa "explicar", em história, quais os problemas ligados à narrativa, qual a necessidade de rigor conceitual, que formas são adequadas para se trabalhar com a memória e o tempo e por que a coleta aleatória de dados não produz conhecimento histórico. Esses são alguns exemplos de tópicos presentes neste livro e que tratam dessa noção de *teoria* como rigor e correção do pensamento histórico.

O segundo entendimento do conceito de teoria se refere a **modelos da realidade**. Quando se fala em *feudalismo*, tem-se, sobre esse conceito, um determinado modelo de realidade. Nesse caso, é uma forma de compreender parte da ordem sócio-política da Europa Medieval. Quando se fala em *barroco*, por sua vez, pensa-se em um estilo de arte ligado ao movimento da Reforma Católica (Contrarreforma). A teoria, nesse sentido, procura tomar períodos mais ou menos longos da história e sintetizá-los em determinados modelos explicativos.

Alguns conceitos fazem parte desse entendimento de teoria, como os já citados feudalismo e barroco, além de outros, como Revolução Inglesa, Renascimento, Iluminismo, Antiguidade, que estão ligados a certos períodos históricos. Outros conceitos, como gênero, poder, classe, civilização, Estado, oligarquia, miscigenação e tradição são também conceitos teóricos ligados a modelos da realidade, embora tenham a pretensão de servir como ferramentas de análise para diferentes períodos. Estão, ainda, dentro dessa ideia de teoria, as chamadas *filosofias da história*, que procuram construir modelos explicativos para o desenvolvimento histórico em sua totalidade.

Usadas como modelos da realidade, as teorias são sempre hipóteses: ao mesmo tempo que buscam organizar o passado estudado, devem estar abertas para que permitam o seu aperfeiçoamento (ou a sua contestação) com base nos dados empíricos. Por isso, as teorias funcionam por meio de um diálogo entre a abstração e os dados, e são sempre provisórias. Teorias que exigem o estrito respeito às suas formulações e ignoram como exceções todos os dados que as contestem abandonam o campo da análise racional e passam a ser profissões de fé (pois já alcançaram a verdade incontestável). Se definidas ideologicamente, são ortodoxias que se tornam inúteis e perniciosas.

As duas formas apresentadas de compreender a ideia de *teoria* se entrelaçam nos trabalhos de história. Por exemplo: para entender a sociedade medieval europeia, deve-se compreender o conceito de feudalismo (como um modelo da realidade) ao mesmo tempo que se deve aplicá-lo de forma rigorosa, compreendendo sua especificidade temporal e sua relação com o contexto (usos que se fundam na ideia de *teoria* como modelo de análise).

2.1.1 A IDENTIFICAÇÃO DA TEORIA

Uma **filiação teórica** relaciona-se a uma determinada compreensão da realidade. Está associada, assim, a ideias de **motivação**, ou seja, aquelas que pretendem explicar por que os eventos históricos acontecem. A filiação liga-se às maneiras pelas quais a motivação se expressa e estabelece certa relação entre o indivíduo e a sociedade. Implica considerar certos dados históricos como importantes, enquanto outros, como irrelevantes ou secundários. Por essa razão, implica também trabalhar com as fontes históricas de certo modo específico.

Observe um trecho do *Manifesto Comunista*, de 1848, escrito por Karl Marx (1818-1883) e Friederich Engels (1820-1895):

A história de toda sociedade existente até hoje tem sido a história das lutas de classes. Homem livre e escravo, patrício e plebeu, senhor e servo, mestre de corporação e companheiro, numa palavra, o opressor e o oprimido permaneceram em constante oposição um ao outro, levada a efeito numa guerra ininterrupta [...]. (Marx; Engels, 2003, p. 26)

Marx e Engels desenvolveram uma teoria da história (e uma filosofia da história, como veremos posteriormente) que se denomina *materialismo histórico* – e que, muitas vezes, é resumida como *marxismo*. Segundo essa teoria – expressa no *Manifesto Comunista* e desenvolvida em outras obras, como *O Capital* (escrito apenas por Marx) –, a história tem um motivo, isto é, uma razão para que aconteça: a luta de classes. Nesse panorama, diferentes classes, com objetivos antagônicos, estão em constante conflito, que se encerra porque há nessa teoria uma revolução ou pela destruição dessas classes. Pertencer a uma classe, por sua vez, é estar em determinada posição em relação à posse dos meios de produção (veremos mais sobre isso no Capítulo 5), ou seja, há nessa teoria uma base econômica.

Se pensarmos a história como sendo as "lutas de classes", os indivíduos terão sua importância reduzida, pois sua ação será considerada em função da classe social à qual pertencem. Por isso, o fundamental é recuperar a história de seu surgimento e sua organização. Dessa maneira, os historiadores marxistas consideram importantes os documentos ligados a sindicatos e associações trabalhistas de ajuda mútua, ou aqueles que detalham as organizações capitalistas e o funcionamento das indústrias.

Observe que essa é uma análise bastante simplista, que tem como objetivo apenas salientar como uma filiação teórica, uma determinada compreensão da realidade, dirige a atenção de historiadores.

O foco na luta de classes, a importância econômica na definição dos acontecimentos, a redução da participação do indivíduo, a atenção a certos temas e documentos históricos estão interconectados por conta de certa visão teórica.

Neste ponto, pode surgir a seguinte pergunta: Mas todo historiador segue uma determinada filiação teórica? A resposta é *sim*, embora muitos ignorem os princípios teóricos que norteiam o próprio trabalho (o que costuma ser muito perigoso). Basta pensarmos que, a não ser que a historiadora ou o historiador queiram começar do zero absoluto, iniciarão sua pesquisa com base em determinadas obras que trataram de temas semelhantes. Isso faz com que já tenham analisado ao menos algumas fontes e concluído que determinadas abordagens teóricas parecem responder melhor aos problemas levantados.

Identificar a filiação teórica de um autor demanda experiência e leitura. Usualmente, requer analisar os argumentos da pesquisa em conjunto com a bibliografia apresentada, descobrir quais são as ideias reforçadas e quais as refutadas, quais são os conceitos fundamentais.

Um ponto relevante é saber quando a pesquisa foi publicada. Como exemplo, compare os dois textos a seguir. Ambos são de livros didáticos de história, de períodos diferentes (o primeiro de 1930; o segundo de 1987), e tratam do mesmo tema: as causas da Guerra do Paraguai (1864-1870).

> **Livro *Minha Pátria*, de 1930**
> No ano de 1864, o Brasil foi arrastado para uma guerra terrível, em que milhares de patriotas se sacrificaram em defesa da Pátria. Foi a Guerra do Paraguai. Francisco Solano Lopez, presidente do Paraguai, arvorando-se em defensor do Uruguai, quis intervir em nossos negócios com esse país. Não tendo sido atendido, declarou guerra ao Brasil.
> O seu primeiro ato de hostilidade foi aprisionar o vapor brasileiro Marquês de Olinda, ancorado em Assunção, capital do Paraguai. O vaso [navio] conduzia a Mato Grosso o presidente desta província, coronel Frederico Carneiro de Campos. Além de mandar encarcerar Carneiro de Campos e outros passageiros, Lopez fez retirar de bordo a quantia de 400 contos de réis.

Fonte: Silva, 1930, p. 159.

> **Livro *Construindo a história*, de 1987**
> Somente os empréstimos feitos pela Inglaterra ao Brasil, de 1825 a 1865 somam 17.737.520 libras [...]. E para que se traduza realmente a necessidade do imperialismo inglês em manter o estado de coisas, obrigando que se faça a Guerra do Paraguai, basta ressaltar o fato de que, desses empréstimos, 65% chegam no ano de 1865. [...] CHIAVENATO, J. J. *Genocídio Americano: a Guerra do Paraguai*: São Paulo: Brasiliense, 1981, p. 82-3.
> O documento nos apresenta os reais interesses ingleses na Guerra do Paraguai. [...] Durante muitos anos o Paraguai foi considerado o grande causador da guerra, porque era governado por um ditador chamado López que queria formar o "Grande Paraguai". [...]
> Segundo o autor do documento, o que o "ditador López" faz é "criar condições básicas para o progresso e modernização do país, sem atrelá-lo ao imperialismo econômico inglês" (p. 31).
> Por que o Paraguai não se enquadrava no quadro do imperialismo inglês?
> O Paraguai, após o final da guerra era um país destruído, completamente arrasado. Quem mais lucrou com a guerra?

Fonte: Faria; Marques; Berutti, 1987, p. 175-176.

As diferentes maneiras de compreender a Guerra do Paraguai estão relacionadas a diferentes teorias a respeito da história. O texto de 1930 baseia-se em uma concepção de história ligada apenas ao aspecto político: a Guerra do Paraguai é vista de forma isolada, sem qualquer relação com outros eventos do período. Além disso, sua causa é a atuação de uma única pessoa, o presidente do Paraguai, Solano Lopez. Nesse modelo teórico, não existem contextos, influências econômicas, religiosas ou culturais, apenas a decisão de indivíduos, de "grandes homens" com poder político e militar, que efetivamente fazem a história. É, além disso, uma história apresentada de maneira apenas narrativa: afinal, sem contextos ou análises, resta ao texto histórico relatar, de forma cronológica, os eventos que se sucederam. Trata-se de um modelo histórico associado à defesa e à justificativa de nacionalidades, daí o patriotismo explícito do texto.

No texto de 1987, a Guerra do Paraguai associa as questões políticas às econômicas. A economia é tomada como a verdadeira causa da guerra e a determina. Interesses econômicos dirigem os eventos históricos e mobilizam a atuação de soldados que, sem poder político e econômico, são impotentes diante da conjuntura. Nesse modelo teórico, há uma redução na importância da atuação das pessoas, pois elas agem de forma determinada pela estrutura econômica, o verdadeiro motor da história. A narrativa existe, mas a análise econômica estrutural é a mais importante. Trata-se de um modelo teórico associado à denúncia da violência que dominadores impõem a dominados. Daí se segue o texto inflamado, que tem como um de seus objetivos provocar indignação nos leitores.

Nenhuma dessas duas visões históricas sobre a Guerra do Paraguai, aliás, é considerada adequada pelos historiadores nos dias de hoje. De toda forma, os dois exemplos mostram que determinadas concepções de teorias de história geram diferentes ideias de causas, de atores principais (quem faz a história?), da importância do contexto, da forma de apresentação do texto e dos objetivos a serem atingidos na pesquisa.

Antonio Fontoura

2.1.2 Filosofias da história

Segundo uma anedótica lei histórica, que pode ser denominada de *a grande teoria capilar da história russa*, no mínimo pelos últimos 100 anos os governantes da Rússia têm seguido um curioso padrão de alternância de poder – um governante cabeludo é sempre sucedido por um careca. Um rápido teste de conceito: Lenin, que era careca, foi sucedido por Stalin, cabeludo; que foi sucedido por Kruschev, careca; e a este se seguiram, na ordem, o cabeludo Brejnev, o careca Andropov, o cabeludo Chernenko, o careca Gorbachev, o cabeludo Yelstin. Este livro está sendo escrito em 2016 e, nos últimos três mandatos, governaram a Rússia Putin (careca), Medvedev (cabeludo) e, novamente, Putin, que continua careca.

Além de ser divertida, há algum valor nessa lei? Não, nenhum. E não só por ser complicado definir o conceito de "governante" para a Rússia no último século (a lista dada é claramente uma simplificação), mas também pelo fato de que ninguém pensaria, seriamente, que exista uma secreta lei capilar orientando os destinos da Rússia. Esse exemplo foi trazido aqui por duas razões. A primeira é a de que, mesmo que você encontre um padrão consistente em sua pesquisa – a sucessão entre carecas e cabeludos durou mais de um século –, isso não é suficiente para afirmar a existência de uma lei histórica geral. A segunda, mais importante, é ilustrar um modelo, ainda que simplista e claramente falso, de filosofia da história.

As filosofias da história, por vezes, referem-se a ideias mais gerais difundidas em uma sociedade e que não têm um autor ou pensador específico. Exemplos são a crença no progresso, própria do século XIX, e a busca pela "modernização", comum em meados do século XX (Burke, 2002).

Mas as filosofias da história, como concebidas aqui, são modelos simplificadores que têm como objetivo apresentar uma lei geral de funcionamento da história. São, assim, holistas, ou seja, querem abarcar a integralidade dos fenômenos. O que caracteriza essas filosofias é o fato de elas tomarem um determinado elemento da realidade e defini-rem-no como o motor, ou a razão, da história.

Para o sociólogo francês Auguste Comte (1798-1857), a história caminhava por estágios nos quais as formas de compreensão da realidade apresentavam características distintas. No estágio teológico, as explicações seriam dadas com base em divindades personificadas; no metafísico, surgiriam explicações baseadas em conceitos abstratos; por fim, no estágio positivo, o conhecimento seria derivado da ciência, segundo o seu método de observação e experimentação.

Por sua vez, o sociólogo britânico Herbert Spencer (1820-1903) utilizou-se de ideias semelhantes às de Darwin para construir seu modelo de história. Segundo Spencer, as mudanças nas sociedades ocorriam de maneira cumulativa, com base em suas próprias condições internas, partindo do fato mais simples em direção ao mais complexo. A ideia de evolução social (a *história*) seria apenas uma das formas de uma lei universal de mudança.

Uma das mais influentes filosofias da história é a concebida pelo filósofo alemão Georg Hegel (1770-1831), para o qual a história era um processo contínuo em que a **Razão** fazia-se conhecer a si mesma. Dessa maneira, os processos históricos não seriam aleatórios, mas aconteceriam conforme dita a Razão. Para Hegel, isso poderia ser constatado pela evolução da ideia de *liberdade* que parte da pólis grega, passa pela noção de *cidadania* dos romanos, até alcançar o que seria a superior ideia de liberdade no Estado moderno. Seu modelo de filosofia da história influenciou diretamente a concepção marxista de mudança social. Porém, para Marx, as mudanças históricas não seriam fruto do mundo das ideias, do espírito ou da razão. Marx era materialista, no sentido de que, para ele, eram as condições materiais – reais, concretas – de existência dos indivíduos que promoviam a mudança na história.

Já tivemos oportunidade de discutir o modelo histórico marxista visto no *Manifesto comunista*. Assim, o chamado *materialismo histórico* pode ser concebido como uma filosofia da história no sentido de que postula um único grande fator, **a luta de classes**, como responsável pela mudança na história. Ela teria, por assim dizer, um ponto de chegada: a superação do capitalismo e a instituição do comunismo. No limite, o indivíduo deixa de ter importância.

Observamos que todas as histórias holistas – que buscam explicar o "todo" –, bem como todas as grandes filosofias da história, são, por definição, falsas. O passado não tem um único "significado", uma única "razão" ou "direção", que possa ser apreendida, nem uma única verdade secreta que deva ser descoberta.

(2.2)
A EXPLICAÇÃO HISTÓRICA

Há pessoas que não acreditam que os homens estiveram na Lua. Há aqueles que acham que o ataque às Torres Gêmeas, em 11 de setembro de 2001, nos Estados Unidos, foi criado pelo próprio governo daquele país. Há mesmo quem defenda que as pirâmides egípcias foram construídas por alienígenas. E essas pessoas recusam argumentos baseados em provas.

Trata-se de teorias conspiratórias que, em geral, não são importantes. Ao menos uma, porém, é realmente perigosa e merece ser tratada com mais cuidado: os chamados *revisionistas*, ou *negacionistas*, do Holocausto. Para eles, os campos de concentração podem até ter existido, mas jamais houve o extermínio em massa de pessoas, principalmente judeus, pelos nazistas, durante a Segunda Guerra Mundial. Nesse sentido, as câmaras de gás não matavam prisioneiros; os fornos crematórios não visavam liquidar com os corpos de pessoas assassinadas em massa; o número de judeus mortos é muitíssimo inferior ao que dizem os historiadores; são falsos os depoimentos, os documentos escritos e os vestígios; enfim, o Holocausto é um mito sustentado por judeus para conseguir apoio político.

Essas são, em síntese, as crenças dos revisionistas, ou negacionistas, sobre o Holocausto. Se acaso você tem alguma dúvida, saiba que essas crenças são desprovidas de fundamentos, beiram à neurose e são, ao fim, propagandas antissemitas camufladas de textos históricos.

De toda forma, estudar seus argumentos pode ser um bom exercício teórico relacionado à explicação histórica. Isso é de extrema relevância, afinal, os revisionistas não apenas fazem essas afirmações, mas acreditam demonstrá-las por meio do método histórico. Eles dizem utilizar-se de fontes, dialogar com a bibliografia disponível, realizar debates com outros autores, além de construir argumentos baseados no método indutivo e na razão. Afirmam, ainda, basear-se em fontes primárias para alcançar suas conclusões. Se pensarmos por esse lado, não seguiriam eles, então, a teoria histórica? Não, pois uma teoria da história que justifique esse nome tem que, com base em seus pressupostos, conseguir dispensar esses tipos de argumentação.

Será feito, a partir daqui, um exercício de teoria. Os argumentos revisionistas poderiam ser dispensados se apelássemos ao bom senso. Mas, como seus adeptos afirmam usar documentos, debater a bibliografia e basear-se na indução para construir explicações, pretendemos demonstrar, do ponto de vista teórico, que o que eles fazem não é *história*.

Por que os argumentos revisionistas são, do ponto de vista teórico, inconsistentes? Por que não se pode afirmar que realizam, efetivamente, uma adequada explicação histórica?

Partamos de um princípio: um bom argumento histórico é aquele que, com base em fontes e análises, constrói determinadas premissas que, organizadas adequadamente, permitem uma determinada conclusão.

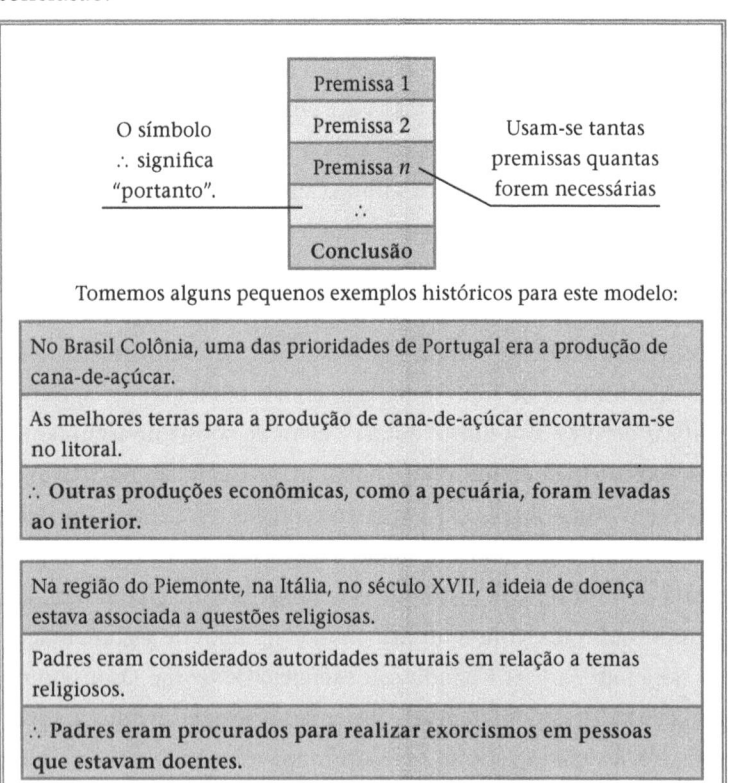

O símbolo ∴ significa "portanto".	Premissa 1	Usam-se tantas premissas quantas forem necessárias
	Premissa 2	
	Premissa *n*	
	∴	
	Conclusão	

Tomemos alguns pequenos exemplos históricos para este modelo:

No Brasil Colônia, uma das prioridades de Portugal era a produção de cana-de-açúcar.
As melhores terras para a produção de cana-de-açúcar encontravam-se no litoral.
∴ Outras produções econômicas, como a pecuária, foram levadas ao interior.

Na região do Piemonte, na Itália, no século XVII, a ideia de doença estava associada a questões religiosas.
Padres eram considerados autoridades naturais em relação a temas religiosos.
∴ Padres eram procurados para realizar exorcismos em pessoas que estavam doentes.

No entanto, podemos perceber que os revisionistas do Holocausto e os adeptos de teorias da conspiração em geral fazem o inverso. Partem de uma conclusão já dada e, só então, saem à cata das premissas que a confirmem.

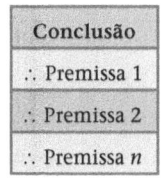

Conclusão
∴ Premissa 1
∴ Premissa 2
∴ Premissa *n*

Estabelecida a crença – a conclusão –, são inseridas premissas, obtidas de maneira deficiente, para sustentar o argumento. Dados são mal coletados, fontes são retiradas de seu contexto original e, de uma maneira geral, os documentos são escolhidos de forma tendenciosa e parcial. Selecionam-se apenas os argumentos que sustentam a teoria. Além disso, muitos dos dados são produzidos por pessoas que já são revisionistas e, por isso, são originalmente tendenciosas, como fraudulentos resultados de laboratório, equivocadas análises das construções e exames documentais imprecisos.

Para que sustentem os dados e os argumentos parciais, um grande conjunto de hipóteses *ad hoc*[1] é construído na tentativa de confrontar cada dado que contradiga suas verdades. Todo depoimento de cada sobrevivente será considerado falso por alguma razão; cada indício material será denunciado como manipulado; todo e qualquer dado será, de alguma maneira, desqualificado e considerado construído pelos conspiradores.

Essas hipóteses *ad hoc* são, muito comumente, sustentadas por falácias. Uma **falácia** é um raciocínio construído de forma equivocada, com erros lógicos e, muitas vezes, usado para convencer.

---

1 *Explicações adicionais, que buscam manter a integridade de uma teoria.*

Os revisionistas se utilizam de questões elaboradas de maneira falaciosa: Se houve tantos mortos, como cabiam nas câmaras de gás? Como teriam sido levados em quantidades tão grandes? Como não se revoltaram, já que eram em número muito maior que o de nazistas? A maneira falaciosa como as perguntas são construídas sugere que os historiadores não conhecem as respostas a essas questões.

As conclusões dos revisionistas, por fim, não estão adequadas ao contexto geral da disciplina histórica; ou seja, não apenas não concordam, mas estão em completo desacordo com todos os milhares de pesquisadores que estudam e pesquisam sobre a Segunda Guerra Mundial.

Poderíamos pensar em outro ponto: a abundância de referências bibliográficas em suas obras. Os revisionistas citam a si mesmos, construindo uma espécie de círculo de proteção, em que suas opiniões procuram sustentar-se entre si. Não estão, portanto, abertos ao debate ou ao contraditório.

Concluímos, assim, que seus estudos são o oposto do que deve ser uma explicação histórica, principalmente porque:

- seu raciocínio parte da conclusão às premissas;
- as premissas são construídas de forma deficiente, a suportar a conclusão já dada, são muito comumente falaciosas e divergem das fontes;
- os argumentos e a conclusão não estão adequados nem ao contexto histórico, nem ao contexto geral do conhecimento a respeito do período. É um argumento fechado em si mesmo, que não aceita dados externos aos do grupo.

Com base nos erros que identificamos na teoria dos revisionistas, conseguimos definir o que uma explicação histórica **não é** e, assim, teremos condições de explicar o que compõe, efetivamente, uma adequada explicação histórica.

A **explicação histórica**, fundamentalmente, tem como objetivo inserir o evento histórico estudado em um padrão mais amplo. Esse padrão será tanto o contexto histórico em que o evento se insere ou com o qual se relaciona quanto a historiografia do período estudado, isto é, as conclusões de outros historiadores sobre o evento. Essa seria, por exemplo, uma forma teórica de questionar a veracidade da teoria capilar russa: ela não mantém qualquer relação com o período histórico, tampouco faz parte das análises de outros historiadores.

Na explicação histórica, um argumento é construído de modo a justificar sua conclusão, baseado em inferências lógicas de caráter indutivo. Não basta dizer, por exemplo, que "a mídia desempenhou um papel importante na chamada *revolução sexual brasileira*". Se essa foi a conclusão, devem ser apresentadas as premissas, ou razões, que a justificam e a sustentam. Essas, por sua vez, serão baseadas em fontes históricas e dados estatísticos, apoiadas em referências bibliográficas e organizadas adequadamente. Perceba que um argumento organizado dessa forma atinge dois objetivos: explica a conclusão de seu artigo, monografia ou tese e, ao mesmo tempo, conecta-se ao saber histórico já existente.

> **Sobre a explicação histórica**
>
> - O raciocínio deve partir das premissas para chegar às conclusões utilizando-se do método indutivo.
> - As premissas devem ser construídas com base em fontes históricas e na historiografia.
> - A explicação deve estar adequada ao contexto histórico e dialogar com a historiografia sobre o tema.

Ao ser organizada de maneira correta, a explicação histórica pode ser, também, contestada. Outros pesquisadores terão condições de refutar as premissas, afirmar que a relação que se estabeleceu entre elas e o período histórico, ou a historiografia, é inadequada. Quando isso ocorre (e isso acontece com todo mundo, pois ninguém tem a verdade definitiva), o conhecimento sobre o assunto é aperfeiçoado.

Um exemplo extremo dessa abertura à crítica está na grande controvérsia que surgiu na comunidade acadêmica estadunidense dos anos 1980 quando se descobriu que a obra *The collapse of Weimar Republic* (O colapso da República de Weimar), escrita por David Abraham, continha "erros notórios, construções tendenciosas e fraudulentas e completas invenções" (Feldman, 1984, p. 176, tradução nossa). Ainda que defensores de Abraham tenham afirmado que as acusações nada mais eram do que uma campanha política contra ele (por sua obra ser marxista), o fato é que ficou demonstrado que as citações foram modificadas, ou simplesmente criadas para dar suporte às suas conclusões. Estar ligado à historiografia do período, portanto, não implica aceitá-la, mas conhecê-la e discuti-la.

Várias são as possíveis formas de explicação histórica. Elas podem ser, entre tantas outras:

- causais (a vinda da família real portuguesa ao Brasil em 1808 causou o fim do pacto colonial);
- relacionais (a expansão dos direitos femininos no século XX relaciona-se à maior participação da mulher no mercado de trabalho);
- de generalização (a ditadura militar brasileira difundia uma visão moralista de sociedade);
- estatística (no Segundo Reinado, 47,5% dos membros do partido conservador e 47,8% do liberal eram proprietários rurais);
- motivacionais (as ações que iniciaram o golpe do 18 Brumário foram tomadas unilateralmente por Napoleão);

- por analogia (as primeiras indústrias de mate do litoral paranaense assemelhavam-se àquelas da Inglaterra).

2.2.1 AS QUESTÕES HISTÓRICAS

A partir do século XX, quando se passou a perceber que os fatos são construídos pelos historiadores e que as preocupações do presente direcionam o olhar ao passado, tornou-se claro que o questionamento é um passo necessário à prática histórica. Podemos dizer que construir uma explicação histórica depende do problema específico que a historiadora ou o historiador pretendem resolver.

Toda pesquisa histórica começa com um problema, que deverá ser formulado na forma de uma ou de várias perguntas. Será com base nelas que serão examinadas as fontes, avaliadas as hipóteses e construídas as explicações. Como exemplo, trazemos um problema bastante objetivo: Como explicar que o Brasil, em seu processo de independência, manteve seu território unido, enquanto a América espanhola testemunhou uma fragmentação territorial?

O historiador brasileiro José Murilo de Carvalho (1939-) estudou esse problema e, com base nele, construiu questões de forma a resolvê-lo, as quais podem ser sintetizadas (junto com as respostas formuladas pelo próprio autor) da seguinte maneira (Carvalho, 1996):

- *Essa opção teria sido resultado de uma decisão administrativa?* Não, afirma Carvalho, porque o governo português não era mais centralizador do que o espanhol e, portanto, a unidade do Brasil não foi consequência de uma centralização anterior.
- *A presença da corte portuguesa no Brasil, a partir de 1808, foi fundamental para essa centralização?* Não, pois ainda que a presença da família real portuguesa no país tenha sido importante, há dados que indicam que a América espanhola também desejava uma centralização em torno de uma monarquia.

- *O declínio do ouro na América espanhola incentivou a interiorização e a fragmentação de sua política e economia?* Sem dúvida, o ouro da América espanhola começou a escassear antes que o do Brasil. Porém, já no final do XVIII, também o ouro das minas nacionais havia regredido substancialmente.

Dessa maneira, Carvalho (1996) foi construindo questões e procurando solucioná-las, até desenvolver a sua própria hipótese, no caso, da importância política de determinadas elites que construíram o projeto de independência de um Brasil unificado.

Pensamos, então: Como os problemas são transformados em questões dentro dos estudos históricos? O problema pode ou não estar explícito no texto final sob a forma de uma ou mais perguntas, mas sempre deve estar claro à pesquisadora ou ao pesquisador. De todo modo, há alguns pontos importantes no momento de formulação de uma questão, o que pode ser visto no boxe a seguir.

Como formular uma questão?

Fischer (1970) indica algumas regras que devemos seguir para formular questões em história. São elas:

- As questões devem ser **operacionais**, ou seja, devem ter uma solução possível por meio da pesquisa bibliográfica e, principalmente, das fontes.
- As questões devem ser **abertas** o suficiente para guiar a busca pela resposta, sem fornecer a própria resposta. Assim, elas não são definitivas e podem ser aperfeiçoadas à medida que a pesquisa avança, permitindo que as hipóteses de trabalho sejam refinadas; ou seja, as questões devem ser, também, flexíveis.
- As questões devem ser **analíticas** e permitir dividir o problema em partes menores a serem trabalhadas. Criam-se, assim, passos para alcançar uma resposta.
- As questões devem ser **explícitas e precisas**. Quanto mais detalhadas, precisas e claras, mais fácil será para o pesquisador e para os leitores de sua pesquisa.
- As questões devem ser **testadas**, pois as fontes dão as respostas finais às questões.

(2.3)
Causas de determinado evento histórico

Não é comum, atualmente, encontrarmos em uma obra de história uma análise das *causas* de determinado evento histórico. Quais as causas do golpe militar de 1964? Quais as causas da revolução sexual? Usualmente, em seu lugar, você encontrará termos como *forças, contextos, condicionantes*. Mas podemos supor – na verdade, devemos supor – que algo único ou múltiplo cause eventos históricos. Então, por que os textos históricos evitam falar em *causas*?

Inicialmente, porque esse termo carrega consigo o perigo da determinação, e historiadores têm horror à determinação. Ao expressar tacitamente que os eventos I, II e III causaram o evento IV, teme-se retirar a capacidade de agência dos seres humanos, ou seja, afirmar que, sob certas condições, não importa o que eles fizessem, a história avançaria por ela mesma (isso envolve ainda os problemas da **agência individual** e da **estrutura**, que discutiremos posteriormente).

Além disso, arrisca-se criar a ideia de que existiria um caminho inevitável para a história, algo que ofende a noção de livre-arbítrio das pessoas e, por extensão, da sociedade. Por exemplo, se for admitido (algo que, aliás, é no mínimo discutível) que a rejeição à entrada na escola de Belas Artes foi uma das causas necessárias para que Adolf Hitler seguisse a vida política, corre-se o risco de tornar legítimo, em uma espécie de *efeito borboleta*, o argumento simplista de que se Hitler fosse um artista reconhecido, o Holocausto jamais teria acontecido.

Isso pode parecer ingênuo, mas há correntes historiográficas que se fundamentaram em tal concepção mecânica de causalidade. A mais conhecida é a corrente historiográfica alemã denominada *Sonderweg* – ou "caminho especial". Essa escola afirmava, nos anos 1960, que o modelo específico de democracia surgido na Alemanha desde sua unificação no século XIX, diferente do de outros países da Europa, teria levado esse país a um caminho histórico e inevitável em direção ao nazismo. Essa linha de pensamento está totalmente desacreditada nos dias de hoje, exatamente por sua concepção mecânica de relação entre causa e efeito e a implicação de que a Alemanha teria uma espécie de destino já traçado, do século XIX à ascensão de Hitler ao poder. Bem se vê, portanto, que são legítimas as razões pelas quais a noção de *causa* é vista com desconfiança por historiadores.

No entanto, se não se acredita que todas as coisas acontecem por mero acaso – e, certamente, historiadoras e historiadores não acreditam nisso –, então deve haver motivos, razões, justificativas, agentes, pressupostos, condicionantes, contextos, forças, bases, ou o que quer que seja, que fazem com que as mudanças ocorram na história.

Retirar o vocábulo *causa* do texto e substituí-lo pelos seus mais diferentes sinônimos não é uma solução para o problema. Na verdade, isso cria outros ainda maiores. Afinal, a concepção de causalidade deixa de estar explícita não apenas aos leitores, mas também aos próprios pesquisadores, enfraquecendo a análise histórica. Além disso, é possível, senão provável, que muitas historiadoras e historiadores não tenham clara para si mesmos a concepção de causalidade com a qual trabalham. Isso torna a solução (abandonar o uso do termo *causa*) bem pior do que o problema original que se procurou resolver.

Definir as formas pelas quais os eventos históricos relacionam-se entre si é fundamental para construir explicações históricas. No item a seguir, discutimos a questão das causas, ainda que de forma introdutória, pois o assunto é amplo demais para ser abordado nesta obra em todos os detalhes. Mas há sempre que se começar por algum lugar.

2.3.1 Causa: uma concepção superada

No século XVIII, a ideia de que Deus controlava a história e seria, assim, a causa primeira dos eventos foi questionada por filósofos iluministas. Contra uma concepção religiosa e determinista, Voltaire (1694-1778), não sem ironia, propôs uma relação de causalidade diametralmente oposta, ou seja, de uma história movida pela sorte e pelo destino. Tratou-se de um modelo explicativo presente num texto seu, de 1756, chamado *Diálogo entre um brâmane e um jesuíta*.

> Ao mover meu pé esquerdo [ao sair de casa] [...], eu, por azar, empurrei meu amigo Eriban, o mercador persa, na água, e ele se afogou. Meu amigo, ao que parece, tinha uma esposa muito bela, que fugiu com um mercador armênio: essa mulher teve uma filha, que se casou com um grego; a filha do grego se estabeleceu na França, e casou-se com o pai de Ravaillac. [...] Veja que tudo dependeu de meu pé esquerdo, que estava conectado a todos os outros eventos do universo, passado, presente e a acontecer. (Voltaire, 1906, p. 72, tradução nossa)

Movendo o pé esquerdo, e não o direito, o brâmane desencadeou uma série de eventos que levou ao nascimento de François Ravaillac, que acabaria por assassinar o rei da França, Henrique IV, em 1610. Negando a total determinação divina, Voltaire construiu um modelo de causalidade fundado no acaso total. Seria negando ambos, porém, que os historiadores oitocentistas, que procuraram construir a história científica, desenvolveram um modelo causal adequado à história que produziam.

De toda forma, os historiadores do século XIX trabalhavam com uma relação entre causa e efeito relativamente simples. Fatos eram, ao mesmo tempo, causa e consequência, organizados de maneira cronológica e linear. Um ou poucos fatores causavam outros que, individualmente ou não, causavam outros tantos, de forma semelhante à derrubada de fileiras de dominós.

Além disso, os eventos históricos eram resultado de decisões pessoais, do voluntarismo de um punhado de poucos atores – os "grandes homens". Suas ambições e desejos particulares eram as causas. Para o francês Charles Seignobos (1854-1942), por exemplo, a guerra franco-prussiana de 1870, um dos mais significativos eventos políticos do final do século XIX na Europa, teria sido resultado de uma ação pessoal de Otto von Bismarck, auxiliado pelas ações políticas de Napoleão III. Por uma concepção semelhante, o historiador francês Jules Michelet (1798-1874) dividiu o governo do rei francês Luís XIV entre "antes da fístula" e "depois da fístula": até ser curada, as dores de uma ferida anal influenciavam o mau humor do rei e, daí, todo o seu governo e os destinos da França. Nessas concepções causais, a ação individual era destacada e as condições sociais e culturais dos eventos históricos eram praticamente ignoradas.

Não desejamos afirmar que eventos menores, mesmos os casuais e imprevisíveis, não possam ter impacto em certos eventos históricos, pois podem. O que aconteceria se Luís XVI não fosse reconhecido em Varennes, por meio de sua efígie em uma moeda, quando tentava fugir da França? Se Lenin não tivesse morrido precocemente aos 54 anos? Se Jânio Quadros não renunciasse? Ou se o famoso nariz de Cleópatra fosse mais curto? É impossível saber. Mas o papel do evento único, do detalhe, do acaso, da ação individual, deve ser entendido dentro de contextos. Uma pessoa sozinha não é responsável pela Revolução Francesa. Como afirmou Montesquieu (citado por Carr, 1996, p. 112), no século XVIII: "Se uma causa em particular, como o resultado acidental de uma batalha, arruinou um Estado, [...] havia uma causa geral que fez com que a queda desse Estado resultasse de uma única batalha".

2.3.2 Causação e correlação

Para pensarmos sobre causação e correlação, vamos acompanhar o Gráfico 2.1. Segundo os dados nele disponíveis, a variação do índice de gastos com ciência e tecnologia nos Estados Unidos tem uma quase perfeita correlação com o índice de suicídios por enforcamento naquele país.

Gráfico 2.1 – Gastos em ciência e número de suicídios por enforcamento nos Estados Unidos

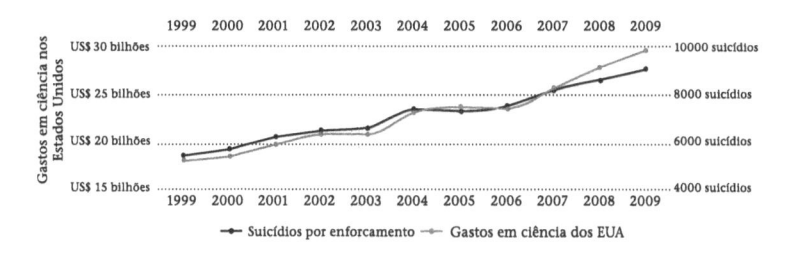

[Gráfico: eixo y esquerdo "Gastos em ciência nos Estados Unidos" de US$ 15 bilhões a US$ 30 bilhões; eixo y direito de 4000 a 10000 suicídios; eixo x de 1999 a 2009; linhas "Suicídios por enforcamento" e "Gastos em ciência dos EUA"]

Fonte: Elaborado com base em Spurious Correcations, 2016.

A correlação é bastante precisa, mas não se considera a possibilidade de realizar uma redução de gastos em ciência e tecnologia como forma de prevenção de suicídios por enforcamento. Temos, aqui, uma **correlação** meramente casual (e não *causal* – por que essas duas palavras têm que ser tão parecidas?), semelhante à teoria capilar dos governantes russos.

Se correlações não implicam causas, a **causação** presume correlação. Em outras palavras, a primeira coisa a se procurar para estabelecer a causalidade entre fenômenos é demonstrar a existência de correlação entre eles.

Na Paris do final do século XIX, o aumento de prisões por conta da venda de produtos pornográficos tem direta correlação com o barateamento e a popularização da fotografia. Essa correlação é explicada facilmente: desenvolveu-se uma grande concorrência entre as inúmeras lojas de fotografias que surgiram na cidade, pois o preço da produção e da reprodução de fotografias havia reduzido. Uma vez que muitas dessas lojas retratavam e vendiam materiais considerados pornográficos, que eram uma importante fonte de renda para seus donos, ampliou-se de forma sensível o mercado de fotos eróticas na cidade e, por conseguinte, a repressão policial – daí o aumento das detenções.

Destacamos, ainda, o fato de que dois ou mais fatores podem ter uma correlação demonstrada e, ainda assim, não existir causalidade entre eles, mas a um terceiro fator. Por exemplo: em meados do século XIX, cresceu o número de imigrantes no Brasil. Basicamente no mesmo período, houve um início de processo de industrialização. Não foram, porém, os imigrantes que iniciaram o processo de industrialização nacional, nem as indústrias inventaram a imigração como solução para uma possível ausência de mão de obra. Ambos são dependentes de um terceiro fator: a proibição do tráfico de escravizados ao Brasil. Os imigrantes, trazidos por meio de políticas de incentivo do Estado, eram direcionados para o trabalho nas fazendas, especialmente as de café, que dependiam da escravidão. Por sua vez, o capital que era, até aquele momento, investido no tráfico de escravizados, passou a ser investido em outros setores econômicos, como a indústria.

Há, também, correlação entre eventos que estão diretamente relacionados e não têm uma relação de causalidade direta (o evento A causa o evento B), mas se reforçam mutuamente. Existe, por exemplo, uma clara correlação entre o surgimento e o crescimento de motéis, no Brasil, e a publicação de revistas masculinas, a partir de meados dos anos 1970. Como as revistas masculinas surgiram em um período ligeiramente anterior, seria possível pensar que são a causa dos motéis. Não são. Ambos – motéis e revistas eróticas – certamente participam de um mesmo movimento de questionamento das normas tradicionais que, sendo a denominação correta ou não, foi chamado de *revolução sexual*. Mas, nesse caso ainda, há uma mútua influência entre ambos: os motéis acabaram se tornando importantes anunciantes das revistas masculinas, participando, assim, de sua expansão. As revistas, por sua vez, além de publicarem os anúncios, escreviam artigos sobre motéis, também participando do crescimento destes.

2.3.3 A Guerra do Pente

Um evento complexo, que desafia os modelos explicativos de causalidade (e, por essa razão, é interessante ser analisado aqui) é o caso da Guerra do Pente, que ocorreu na cidade de Curitiba, em 1959.

O episódio foi o seguinte: um subtenente da polícia militar entrou em uma loja e comprou um pente. Exigiu uma nota fiscal, o que foi negado pelo proprietário do estabelecimento. Ambos discutiram, seguindo-se uma briga. O subtenente foi agredido, chegando a ter uma das pernas fraturada. Pessoas que assistiam à confusão iniciaram a depredação da loja, o Bazar Centenário. A revolta se espalhou pela cidade, como atestou um jornal da época:

> *Durante mais de 6 horas, grupos de manifestantes promoveram desordens em locais diferentes, indo e voltando, à procura de lojas ainda intactas, à medida que ia aumentando o número de participantes dos atos de violência, na sua grande maioria jovens, formando novas turmas de depredadores, que além de causarem danos materiais de grande monte, deixaram um saldo de vários feridos.* (Multidão depreda casas comerciais, 1959)

A confusão continuou por dois dias e só foi encerrada quando tanques do exército se espalharam pela cidade e interromperam a revolta. O que causou a Guerra do Pente? O pente? A nota fiscal negada? A briga? A agressão? A depredação do Bazar Centenário? Outros fatores culturais, econômicos, sociais? Quais? E qual foi o peso de cada fator?

Um dos erros mais comuns nas explicações históricas é confundir *causa* com *origem*. Ou seja, identifica-se a origem de um evento, de um fenômeno cultural, de uma palavra, e esse início é tomado por explicação. A compra do pente, a negação da nota fiscal e mesmo a briga e a agressão não foram causa – não são fatos desprezíveis; porém, marcam a origem do evento e, certamente, devem ser analisados. As pessoas que destruíram o Bazar Centenário deveriam ter, inicialmente, reagido de forma emocional à cena da agressão. Porém, depois desse início, foram dois dias de destruições pela cidade. Já havia se passado tempo suficiente para que o sentimento inicial desaparecesse e surgisse outro (que não sabemos ainda qual deveria ser) que mantivesse a revolta. A Guerra do Pente, portanto, demonstra claramente a diferença entre encontrar a origem de um evento e a razão para a sua manutenção ou perpetuação. Encontrar a origem de um evento não é explicá-lo.

E o que manteve a Guerra do Pente viva? Depois do início dramático, as razões que explicam sua manutenção devem ser buscadas respondendo-se, ao menos, às seguintes questões:

- *As pessoas estavam revoltadas contra qual problema ou situação?* – Uma boa pista é descobrir se os revoltosos agiam aleatoriamente ou tinham alvos específicos.
- *Por que, para estas pessoas, o problema parecia não poder ser solucionado a não ser pela violência?* – Ou seja, pressupõe-se aqui que a violência foi, também, substituta de alguma outra estratégia que, naquele momento, mostrava-se ineficaz.

- *Quem eram as pessoas que estavam revoltadas? Qual o grupo social, a idade, o gênero?* – Se identificarmos o grupo social dos revoltosos (supondo que exista um bastante específico que possa ser identificado pelas fontes), podemos construir uma relação dele com um padrão maior, como as condições de vida desse grupo.
- *Quem os revoltosos viam como responsável (ou responsáveis), ou ao menos como colaboradores para a manutenção daquele problema?* – Uma hipótese que responda a essa questão deve concordar com a resposta às questões anteriores. Os "alvos" preferenciais (se é que, novamente, existam e possam ser identificados pelas fontes) devem guardar relação. Se o ataque for aleatório, isso também será um dado importante.

A possibilidade de responder amplamente a essas questões extrapola as possibilidades deste livro. De toda forma, podemos começar descartando o que **não** é uma causa. Um jornal da cidade dizia sobre a revolta: "embora os sociólogos de ocasião digam que [as atitudes da população] foram determinadas pela angústia coletiva, em face da inflação, o mais correto, o mais lógico que se tem a dizer deles é que [os crimes] foram provocados por saqueadores inveterados, desclassificados contumazes" (Multidão depreda casas comerciais, 1959).

Independentemente do claro valor moral que o raciocínio do jornal *Gazeta do Povo* carrega, pensemos apenas do ponto de vista teórico: Por que essa explicação não é suficiente para determinar a causa? Porque, a não ser que se possa demonstrar a chegada de centenas de "saqueadores inveterados, desclassificados contumazes" vindos de outras cidades pouco antes do ocorrido, é mais provável que as pessoas que participaram da guerra fossem moradoras da cidade. Faz parte da lógica básica considerar que uma causa não pode gerar duas consequências diferentes – se a composição da população curitibana se manteve a mesma (sem desconsiderar a possibilidade de ter havido

Antonio Fontoura

saqueadores nessa revolta), a ação de saqueadores contumazes não é certamente a causa da guerra.

Com base nas poucas reportagens de jornal existentes do período, pode-se afirmar que as pessoas pareciam estar revoltadas com o aumento do custo de vida e com a carestia. É comum encontrar, em outros momentos históricos, a elaboração de estratégias pessoais e familiares que buscam a construção de alguma segurança para que possam suportar os momentos difíceis. Essas estratégias devem ter sofrido abalos, especialmente em 1959, ano de inflação bastante alta. Veja o Gráfico 2.2.

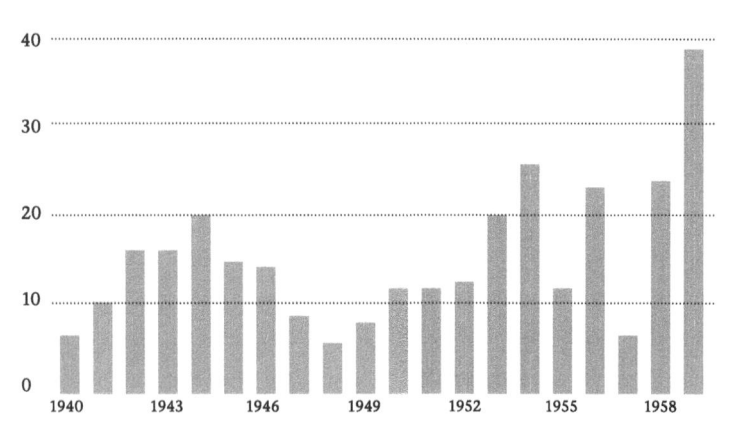

Gráfico 2.2 – Variação da inflação no Brasil entre 1940 e 1959 (em %)

Fonte: Munhoz, 1997, p. 62.

Há aqui uma correlação que, a princípio, parece concordar que o aumento do custo de vida relaciona-se com a Guerra do Pente. Estamos, assim, construindo uma possível hipótese causal, respondendo às duas primeiras questões: as pessoas estavam revoltadas com o custo de vida; e suas estratégias tradicionais não pareciam mais funcionar (ou funcionavam menos) por conta da piora das condições econômicas, indicada pelo aumento da inflação.

Sobre as pessoas envolvidas, os dados são poucos. Um jornal da época indica alguns presos, sendo cinco estudantes, dois funcionários públicos, dois açougueiros, um radiotelegrafista e um comerciário, além de um"grande número de mulheres". Nenhum deles pode ser considerado "saqueador inveterado". Em sociedades em que o controle da economia doméstica tem ativa participação feminina, é comum encontrá-las em revoltas contra a carestia. Esse dado, juntamente com o que aparenta ser uma participação efetiva de trabalhadores, parece concordar com a hipótese de uma revolta relacionada ao custo de vida. Porém, a amostragem é pequena para que se possa, de fato, tirar conclusões.

Erros comuns em explicações históricas envolvem extrapolações com base em um número insuficiente ou mal coletado de dados. Em nosso caso, temos ambos. A quantidade de pessoas é baixa e, além disso, são dados que se referem somente ao número de pessoas que foram presas. E isso faz diferença, pois não sabemos o quanto dessa amostragem representa, efetivamente, a composição social dos revoltosos.

Os principais alvos dos ataques parecem ter sido as lojas de comerciantes de origem árabe (os *"turcos"*), como era o próprio Bazar Centenário. Outros alvos foram uma Delegacia de Polícia e a Comissão Central de Abastecimento e Preços (Coap). Por que esses alvos? Não é muito difícil compreender a presença da Delegacia e da Coap. Mas, por que as lojas dos "turcos"?

Em primeiro lugar, por uma questão de localização: a maioria das lojas que existiam no local onde se iniciou a Guerra do Pente tinha sírio-libaneses como proprietários. A própria loja em que começou a Guerra do Pente era uma loja de "turcos". Porém, gritos de "viva o Brasil" por parte dos revoltosos e tiradas humorísticas nos jornais da cidade envolvendo os "turcos" parecem destacar que havia na mente da população do período uma relação entre os comerciantes e os descendentes de sírio-libaneses. Há uma segunda hipótese, portanto: se a revolta teve fundo econômico, e se os sírio-libaneses eram identificados como participantes importantes da economia local, esclarece-se por que também foram alvos da revolta.

2.3.4 Agência e estrutura

A Guerra do Pente foi consequência da situação do período ou da intencionalidade dos indivíduos? O que foi determinante, o contexto ou a vontade de cada um? Havia, claro, questões individuais: se apenas o contexto importasse, então todas as pessoas que vivessem nele teriam participado, mas isso não ocorreu. Da mesma forma, se a razão fosse apenas individual, não seria possível identificar determinados padrões no evento, como uma certa identidade social dos participantes e a racionalidade dos ataques. Aliás, se fossem indivíduos isolados a se organizar, a guerra não teria sido, tão nitidamente, um movimento de grupo.

Quando aparece a motivação individual? Como se pode identificar a influência do contexto? Esse é um dos maiores problemas das ciências humanas e sociais, a chamada *questão da agência e da estrutura*. Quem, afinal, determina a história? As pessoas? O contexto?

Para os historiadores do século XIX, não havia qualquer dúvida. A história era feita pelos grandes homens, no ambiente político. Eram eles quem declaravam guerras, assinavam tratados, definiam fronteiras: se "a história é a política no passado", como afirmou o historiador inglês John Seeley (1834-1895), "a política é a história presente" (citado por Wormell, 1980, p. 44, tradução nossa). Nessa concepção histórica em que eram privilegiados reis e batalhas, não havia estrutura, apenas agência, isto é, apenas a vontade de certos indivíduos, sendo que as pessoas comuns não tinham qualquer influência histórica.

No espectro oposto está a concepção marxista de história. Para Engels (1820-1895), a história seria o resultado da luta de muitos, mas as vontades individuais seriam dominadas, em última instância, pela infraestrutura. No estruturalismo marxista do filósofo Louis Althusser (1918-1990), não havia qualquer espaço para a ação dos indivíduos (Thompson, 1981).

A separação radical entre indivíduo e sociedade era fundamental, ainda, para a sociologia de Émile Durkheim (1858-1917). Segundo o autor, os fenômenos individuais não mantêm relação com os fenômenos sociais; estes são de categoria diferente, e não podem ser reduzidos a ações individuais ou questões psicológicas.

As mudanças em relação à história, nas primeiras décadas do século XX, modificaram também as concepções sobre quem a fazia. Ao ampliarem seu campo de pesquisas, historiadoras e historiadores encontraram, em todos os indivíduos, pessoas que participam, cada uma a seu modo, da construção da própria sociedade. Foi um movimento iniciado com estudos sobre a história do trabalho, pesquisas de famílias, associações, sindicatos e organizações de diferentes tipos, gerando o desenvolvimento da chamada *história social*. Ela apresentava uma ambição totalizadora de entender todas as ações dos indivíduos, em todos os elementos da sociedade.

Se fosse apenas o contexto que determinasse as ações humanas, então praticamente não haveria história. Afinal, se o contexto influencia as pessoas, quem influencia o contexto? Este jamais mudaria. Da mesma forma, se apenas as motivações individuais formassem os contextos, dificilmente estes existiram: Como seriam construídos com base em ações humanas totalmente independentes umas das outras?

Atualmente, acredita-se que o contexto em que as pessoas nascem e crescem lhes dá as possibilidades e os limites para que elas atuem. Da mesma forma, a atuação autônoma e original, por vezes, extrapola os limites desses contextos, modificando-os. Há uma influência mútua, portanto. Podemos verificar essa relação no esquema trazido pela Figura 2.1.

Figura 2.1 – Relação entre agência e estrutura

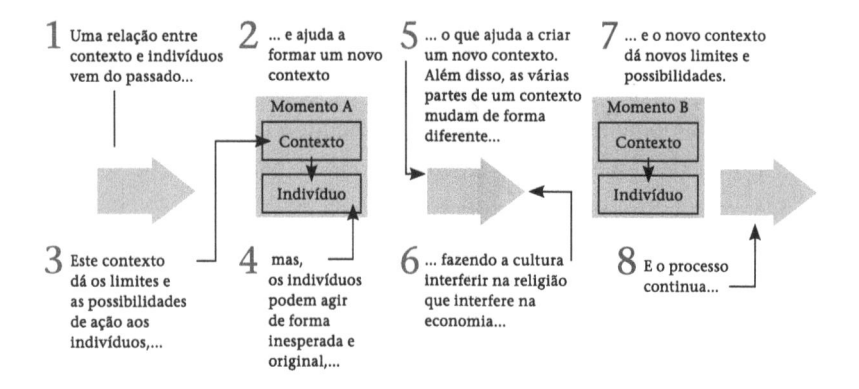

1 Uma relação entre contexto e indivíduos vem do passado...

2 ... e ajuda a formar um novo contexto

Momento A
Contexto
Indivíduo

5 ... o que ajuda a criar um novo contexto. Além disso, as várias partes de um contexto mudam de forma diferente...

7 ... e o novo contexto dá novos limites e possibilidades.

Momento B
Contexto
Indivíduo

3 Este contexto dá os limites e as possibilidades de ação aos indivíduos,...

4 mas, os indivíduos podem agir de forma inesperada e original,...

6 ... fazendo a cultura interferir na religião que interfere na economia...

8 E o processo continua...

O esquema é simplificador, obviamente. Mas dá uma boa ideia de como o contexto tem seu próprio passado, ou seja, ele é também construído historicamente. Os indivíduos agem nesse contexto que, assim, acaba se modificando.

As mudanças acontecem primeiro, porque elementos que fazem parte do contexto – como a cultura, a economia, a política etc. –, e que são interdependentes, modificam-se diferentemente (Item 5 do esquema apresentado na Figura 2.1). Assim, por influência mútua, são construídos novos contextos. No Item 6, vemos que outros elementos podem mudar o contexto, como o crescimento populacional, os problemas ambientais, as doenças (como a peste negra). Aliás, esse esquema nos será útil também para a discussão da questão da *sincronia* e da *diacronia*, no próximo capítulo, quando vamos retomar essa imagem.

O contexto é constituído pela ação humana. Há influências naturais, certamente, mas os contextos e as mudanças tendem a ser resultados de ações humanas. A política não influencia a economia sem que se possam identificar ações humanas por detrás. Em outras palavras, política e economia não são entidades que têm uma vida em si, ou desejos e vontades próprios; embora, por vezes, pareça assim, pois as ações humanas somadas podem (e frequentemente o fazem) construir contextos maiores, que não são resultados de nenhuma vontade individual, ou, inclusive, contradizem as intenções de pessoas ou grupos.

Quando buscamos os motivos pelos quais as pessoas participaram da Guerra do Pente, portanto, devemos pensar na relação entre contexto e individualidade. As pessoas têm motivos porque são seres inteligentes, ou seja, porque têm objetivos que procurarão alcançar. Há algo que as "motiva". Seus objetivos são dados pelas condições em que elas vivem, os contextos. O que as pessoas buscam é atingir seus objetivos da melhor forma possível (sejam eles culturais ou econômicos, sejam religiosos ou políticos), agindo dentro das regras nas quais cresceram e sob as quais vivem.

Discutimos a Guerra do Pente, falamos sobre *causas*, bordamos as relações entre agência e estrutura. Talvez seja o momento de questionarmos: a Guerra do Pente era inevitável? E a Primeira Guerra Mundial? E o golpe militar de 1964? E qualquer outro evento histórico? Essas são perguntas que a história não pode resolver. Trata-se de questões metafísicas que não podem ser resolvidas por meio de um tratamento empírico (Fischer, 1970). Questões como *O que é a inevitabilidade?*, *O que a conforma?* e *Como é determinada?* são todas perguntas filosóficas que, simplesmente, escapam à possibilidade histórica de resolução.

2.3.5 Sobre o estabelecimento de causas

Para finalizar nosso capítulo acerca das causas, trazemos mais algumas lições, agora sobre o estabelecimento delas.

Em primeiro lugar, as explicações causais têm limites. Já comentamos sobre aqueles resultantes da ausência mais detalhada de fontes, mas é importante mencionar a ausência de modelos explicativos adequados, que, no exemplo da Guerra do Pente, relacionem carestia e inflação com a revolta, o preconceito étnico e a violência, a formação espontânea de grupos e sua motivação, os modos culturais de revolta. Afinal, se nem todos os locais em que há carestia, há revolta, certamente os problemas econômicos não são, por si sós, suficientes para explicar o evento.

Em segundo lugar, as causas de eventos e processos históricos são múltiplas. Isso não significa que sejam todas igualmente importantes. Algumas se destacam e são preponderantes sobre as demais, mas, na maioria das vezes, não ocorrem de maneira isolada. Por exemplo: fazer uma lista dos fatores econômicos, políticos, culturais e sociais da Guerra do Pente não a esclarece, inclusive porque o componente econômico parece ser o primordial; algo semelhante ao que acontece na explicação das Cruzadas medievais, em que há um destaque para os fatores religiosos, embora devam ser considerados em seus contextos socioculturais; ou ao Iluminismo, que surgiu na Europa, no século XVIII, e tem uma causa essencialmente cultural. Há, porém, eventos e processos históricos, como o da Guerra do Contestado (1912-1916), em que fatores econômicos, políticos, sociais e religiosos claramente se entrelaçam.

Por vezes, o estabelecimento de uma correlação é suficiente para construir uma explicação. O ideal seria sempre identificar como a motivação das pessoas produziu as ações que, coletivamente, ao final, dialogavam com eventos mais amplos ou, mesmo, estruturas mais agrangentes. Isso nem sempre é possível, porém. No caso da Guerra do Pente, parece haver uma correlação entre a revolta e o aumento do custo de vida. Apenas mais estudos, consultas a mais fontes e mais análises permitirão construir um modelo causal mais consistente. Como vimos, a análise da Guerra do Pente teve grande valor para nosso estudo, mas ressaltamos que, mesmo que o assunto tenha sido bastante explorado, uma série de outros fatores foi deixada de lado, como a participação de radialistas que incitaram a revolta, a autopromoção de políticos, o descontentamento da população com problemas localizados da cidade e a atuação de donas de casa na busca pelo controle dos preços de produtos básicos.

Escolas históricas: a escola dos Annales

Em 1929, os franceses Lucien Febvre e Marc Bloch fundaram a revista *Anais de histórica econômica e social*. De seu nome em francês *Annales d'histoire économique et sociale*, surgiu o nome de uma escola historiográfica ainda hoje influente, inclusive no Brasil. Combatendo a centralidade do evento, Febvre e Bloch desenvolveram um modelo teórico que buscava analisar a história em grandes durações, rejeitava modelos causais simples e procurava compreender as ações humanas com base em relações múltiplas e complexas, envolvendo a sociedade, a economia e a psicologia. O modelo também analisava as múltiplas temporalidades e estimulava a busca de uma "história total" (objetivo que acabou se demonstrando irrealizável), além de incentivar a aproximação da história com outras ciências humanas e a utilização de documentos históricos muito além dos meros textos escritos aos quais os metódicos estavam presos.

Publicada em 1942, a obra *O problema da descrença no século XVI: a religião de Rabelais*, de Lucien Febvre, tornou-se uma das primeiras grandes influências da escola dos Annales. Nele, Febvre demonstra que determinado lugar, em determinado período histórico – no caso, a França do século XVI –, deve ser compreendido dentro de seu próprio contexto. Assim, por meio da análise da influência da Igreja e do vocabulário à disposição para Rabelais expressar suas ideias (toda sua **aparelhagem mental**), Febvre acreditou ter demonstrado que era impossível que Rabelais tenha sido um ateu.

Marc Bloch (1886-1944), autor de obras influentes como *Os Reis Taumaturgos* (1923) e *A Sociedade Feudal* (1936), produziu também, em plena Segunda Guerra Mundial (antes de ser preso e morto pelos nazistas), o seu famoso *Apologia da história* (publicado em português também com o título *Introdução à história*). Nesse manual, Bloch defendeu a multiplicidade do uso de fontes, as dificuldades da imparcialidade do pesquisador e a importância da utilização de conceitos – dentre outras ideias que contradiziam o modelo metódico de produção histórica (Bloch, 2001).

Fernand Braudel (1902-1985) é um terceiro nome de relevo da escola dos Annales. Além de diretor da revista entre 1956 e 1968, ocupou cargos políticos importantes, o que ajudou a difundir suas ideias a respeito dos estudos históricos. Sua obra mais influente é *O Mediterrâneo*, publicada originalmente em 1949. Nela, Braudel estudou o período do governo de Filipe II da Espanha com base em múltiplas temporalidades (apresentamos isso com mais detalhes no Capítulo 3), o que o auxiliou a compreender seu objeto com base em diferentes perspectivas.

Síntese

O objetivo essencial de uma análise teórica é fundamentar a construção de explicações que sejam válidas. Por exemplo, devemos lembrar que é função da história responder a determinadas questões, que são elas mesmas, por assim dizer, históricas. Isso implica que a própria formulação de uma pergunta deve ser feita com base em princípios e métodos adequados. Dentro da busca pela explicação, a historiadora e o historiador devem atentar para a noção de causalidade – ou seja, das causas –, para os eventos históricos que analisam. Eles devem perceber de que maneira as opções dos indivíduos, em determinada época, foram condicionadas pela realidade sociocultural. Devem considerar, ainda, que todo evento histórico tem uma multiplicidade de causas, que precisam ser buscadas e ponderadas adequadamente no momento da pesquisa.

Atividades de autoavaliação

1. Assinale verdadeiro (V) ou falso (F) para as afirmações que seguem. Depois, marque a alternativa que apresenta a sequência correta:
   ( ) Diferentes concepções teóricas a respeito da história levam o historiador a considerar diferentes fatos, a analisar distintos atores e a compreender a causalidade de uma forma específica.
   ( ) A filosofia marxista da história procura compreender um sentido para o desenvolvimento do passado, ou seja, ela considera que a história tem um propósito.
   ( ) Com exceção da concepção filosófica de Augusto Comte, que constrói uma explicação científica para a evolução histórica, as demais filosofias da história não conseguem explicar todas as mudanças ocorridas no passado.
   a) V, F, F.
   b) V, V, F.
   c) F, F, V.
   d) F, F, F.

2. Assinale verdadeiro (V) ou falso (F) para as afirmações que seguem. Depois, marque a alternativa que apresenta a sequência correta:
   ( ) Toda explicação histórica é válida à sua maneira, desde que parta de uma conclusão estabelecida e consiga construir um raciocínio lógico por meio de premissas.
   ( ) O revisionismo do Holocausto é uma escola histórica que revela a verdade a respeito dos acontecimentos da Segunda Guerra Mundial com base, fundamentalmente, em uma crítica às fontes tradicionais desse período histórico.

( ) As explicações históricas não precisam necessariamente concordar, mas devem sempre realizar o debate com a historiografia existente e fundamentar as afirmações com base em evidências.

a) V, F, V.
b) V, F, F.
c) F, F, V.
d) V, V, F.

3. Sobre as questões das quais partem as pesquisas históricas, é correto afirmar:

a) O objetivo central das questões é guiar, em um primeiro momento, a seleção dos documentos. O objetivo não é que as questões sejam respondidas ao final das pesquisas, pois se tratam apenas de recursos retóricos.

b) Estabelecer questões a serem respondidas como critério inicial de um estudo histórico é uma prática restrita à história acadêmica. Nas escolas, o uso de questões norteadoras é dispensável.

c) Toda pesquisa história deve partir de uma questão definida. A análise de fontes sem questões prévias e hipóteses, mesmo que temporárias, não se constitui um método e não produz resultados rigorosos.

d) São as fontes que determinam quais questões devem ser formuladas pelos historiadores. Um documento político exigirá que sejam feitas questões ligadas à política, enquanto um documento religioso exigirá apenas questões religiosas.

4. Os historiadores da chamada *escola dos Annales* construíram um modelo teórico da história que, em muitos casos, contrastava com aquele modelo denominado *metódico*, surgido no século XIX. Sobre isso, é correto afirmar:
   a) Enquanto para os historiadores do século XIX o contexto é que determina as ações dos indivíduos (em geral, governantes políticos), para os historiadores dos Annales a importância do contexto histórico é bastante reduzida. A obra *O problema da descrença no século XVI: a religião de Rabelais*, de Lucien Febvre, é um dos melhores exemplos disso.
   b) Os historiadores dos Annales tinham uma concepção diferente de temporalidade: enquanto para os metódicos o importante era o evento, usualmente político, para os historiadores dos Annales os eventos eram considerados em temporalidades das mais amplas às mais curtas.
   c) Não há diferenças nítidas em relação à causalidade histórica entre os historiadores metódicos e os dos Annales. Para ambos, as causas são sempre as ações humanas, motivadas por questões políticas e com vistas a objetivos determinados.
   d) Com o surgimento da escola dos Annales, as explicações econômicas passaram a ser consideradas determinantes para as explicações históricas, superando o antigo modelo que considerava os atos políticos como preponderantes.

5. Sobre a causalidade e as explicações históricas, é correto afirmar:
   a) A ausência de evidências é prova de que um evento ou personagem não existiu.

b) As causas devem ser sempre mecânicas, isto é, físicas. Dados culturais não são considerados causas, mas contextos.
c) Correlação não implica causação.
d) Eventos econômicos serão sempre explicados por fatores econômicos. A busca pela introdução de causas culturais ou sociais em eventos econômicos torna a explicação deles impossível.

Atividades de aprendizagem

Questões para reflexão

1. Leia o trecho a seguir, escrito pelo filósofo inglês R. G. Conllingwood (1889-1943):

   Historiadores que "recortam e colam" estudam períodos; eles coletam todo testemunho existente sobre certo limitado grupo de eventos e esperam em vão que alguma coisa apareça. Historiadores científicos estudam problemas: eles fazem questões e, se forem bons historiadores, farão questões que eles preveem que possam responder. (Conllingwood, 1946, citado por Fischer, 1970, p. 3, tradução nossa)

   Com base na reflexão de Conllingwood, explique a importância da definição de problemas e a busca pela construção de questões para a elaboração de explicações históricas.

2. Com base na leitura do Capítulo 2 do livro *Apologia à história*, de Marc Bloch, explique as características fundamentais da relação que se estabelece entre o pesquisador e os documentos históricos na construção de explicações, segundo esse historiador da escola dos Annales.

BLOCH, M. **Apologia da história**: ou o ofício de historiador. Tradução de André Telles. Rio de Janeiro: Zahar, 2001.

Atividade aplicada: prática

Consulte um livro didático de história que você tenha utilizado ou com o qual tenha trabalhado. Procure o tema "Guerra do Paraguai" nesse livro. Então, compare a forma de abordagem sobre o tema com aquela dos livros de 1930 e 1987 estudados neste capítulo.

CAPÍTULO 3
O tempo histórico

Perceber que o tempo tem um papel fundamental em nossas vidas é simples. Basta lembrar o quanto, em nosso cotidiano, estamos condicionados por relógios, alarmes, calendários, datas, horários e prazos. É importante, porém, entendermos que essa maneira de nos localizarmos no tempo não é um mero resultado tecnológico. Ou seja, não controlamos o tempo com nossos celulares apenas porque são mais precisos do que os relógios de sol ou as ampulhetas. Controlamos o tempo da forma que o fazemos porque nossa sociedade assim o exige (e o possibilita).

Na primeira parte deste capitulo, vamos conversar especificamente sobre como diferentes sociedades, por diferentes razões, construíram formas absolutamente diversas de compreender o tempo.

Se o tempo é relativo, como demonstrou Einstein ao contestar o modelo de tempo único e homogêneo de Newton, também o é a forma como nós atualmente o compreendemos. A seguir, mostramos como o conceito de tempo deve ser trabalhado por historiadoras e historiadores, além de considerarmos sua importância para os estudos históricos.

(3.1)
TEMPOS E CULTURAS

Para iniciarmos a reflexão sobre o tempo, leia o texto a seguir:

O menino maluquinho
tinha lá os seus segredos
e nunca ninguém sabia
os segredos que ele tinha
(pois segredo é justo assim).
[...]

Antonio Fontoura

> *Mas,*
> *o seu maior mistério*
> *todos sabiam de cor*
> *era o jeito*
> *que o menino*
> *tinha de brincar*
> *com o tempo.*
>
> *Sempre sobrava tempo*
> *pra fazer mil traquinadas*
> *e dava tempo*
> *pra tudo.*
> *(o tempo era um amigão).*
>
> (Ziraldo, 1980, p. 76)

O Menino Maluquinho brincava com o tempo, ou melhor, brincava com a forma como o tempo é percebido. Determinadas atividades passam velozmente, enquanto outras demoram a passar. Como comumente percebemos, quando estamos em uma atividade chata, depois de meia hora, ao olhar o relógio, percebemos que só se passaram cinco minutos. A relatividade de nossa percepção temporal contrasta com o tempo do relógio, que nos parece absoluto e imutável. Acordamos com o despertador, comemos no "horário do almoço", respeitamos rigidamente os horários de trabalho e de aula. O Facebook nos alerta sobre os aniversários de nossos amigos. Trabalhamos de segunda a sexta (às vezes no sábado) e descansamos no domingo. Diferentemente desse tempo que parece inflexível, há aquele que, durante nossa vida, parece mudar: crianças só desenvolvem o sentido de "agora" com cerca de um ano e meio de idade; pessoas mais idosas têm a noção de que o tempo passa cada vez mais rápido. Percebemos, assim, que há o nosso tempo, interno, e há também o tempo externo. No entanto, nem sempre eles coincidem.

Ainda que possamos perceber os sinais do tempo ao nosso redor e em nós mesmos, defini-lo não é fácil. Sentimos o tempo ao envelhecer, vendo os dias e as noites passarem, acompanhando mudanças no mundo. Contudo, como disse Santo Agostinho, "O que é [...] o tempo? Se ninguém mo perguntar, eu sei; se o quiser explicar a quem me fizer a pergunta, já não sei" (Agostinho, 1979, p. 265).

Afinal, de qual tempo vamos falar? Poderia ser daquele que recordamos da nossa infância, em que comprimimos um período de nossa vida nas memórias que desejamos relatar. Pode ser do tempo do relógio, que parece continuar, independentemente de nossos desejos. Há, também, o tempo da história, em que duzentos anos de um povo, como marcados em um calendário, são representados em quatro páginas de um livro. Ou será que todos esses – e outros mais – são o mesmo tempo?

Essas e outras questões envolvendo o tempo são fundamentais às historiadoras e aos historiadores. Afinal, eles trabalham efetivamente com a mudança, com as modificações que o seu objeto de pesquisa, seja ele qual for, apresenta em certo período de tempo. O material de análise deles está no passado, mais distante ou mais próximo, e por isso eles devem entender o que é o "passado" a que nos referimos. Recortamos temporalmente a história, definimos inícios e fins, caracterizamos períodos, analisamos fenômenos que se modificam lentamente (como um idioma) e contrastamos com outros que se alteram rapidamente (como a política). Há as coisas que mudam e as que permanecem. Historiadoras e historiadores não têm como saltar no tempo, mas podem estudá-lo, assim como os vulcanólogos não precisam saltar no interior do Etna para fazê-lo.

Historiadoras e historiadores lançam suas próprias concepções de tempo a outros tempos e culturas. Mas, desde agora, deve ficar claro que diferentes povos, em diferentes momentos, constroem diferentes concepções de tempo. Ou mesmo o tema pode lhes importar tão pouco que parecem não ter qualquer palavra que signifique *passado* ou *futuro*. Porém, a princípio, não parece haver qualquer cultura que desconheça completamente a noção de tempo.

Por agora, fiquemos com o exemplo dos nuer, povo sudanês estudado pelo antropólogo inglês Evans-Pritchard (1902-1973). A vida nessa comunidade era organizada tendo como modelos de referência temporal as atividades que deveriam ser realizadas. Não havia algo exterior às atividades para marcar sua ocorrência (em nossa sociedade, esse algo "exterior" é, por exemplo, o tempo do relógio); assim, "cuidar do gado" era um marco temporal em si. Em temporalidades mais longas, acontecimentos importantes como enchentes ou fome marcavam determinados períodos, mas esses mesmos acontecimentos poderiam ser eventualmente esquecidos ou agrupados em um conjunto de fatos que ocorreram "há muito tempo" (Evans-Pritchard, 1978).

Um outro exemplo é dado pelo escritor irlandês John Synge (1871-1909), ao descrever a concepção de tempo dos moradores das Ilhas Aran, na costa da Irlanda.

> *O conhecimento geral de tempo nas ilhas depende, curiosamente, da direção do vento. Quase todas as cabanas são construídas, como essa, com duas portas opostas uma à outra, a mais abrigada delas permanece aberta o dia todo para iluminar o interior. Se o vento vem do norte, a porta do sul está aberta, e a sombra do umbral movendo-se pelo chão da cozinha indica a hora. [...].*
>
> *Quando o vento vem do norte, a velha mulher prepara minhas refeições com boa regularidade; mas, em outros dias, ela muitas vezes prepara meu chá às três, em vez de às seis.* (Synge, 1907, tradução nossa)

Diferentes concepções de tempo, portanto, não se relacionam apenas à tecnologia. O que torna a nossa concepção diferente da dos egípcios da Antiguidade não é a existência de cronômetros ou de celulares que nos informam constantemente que horas são. É a própria concepção em si daquilo que nós denominamos *tempo*.

Nesse sentido, é bastante conhecida a concepção cíclica de tempo apresentada pelos gregos, embora esse modelo também apresentasse variações. Enquanto certos pensadores antigos viam o tempo de uma maneira longuíssima, de fim e renascimento do mundo, para outros, a concepção de tempo envolvia a ideia do círculo e a sua perfeição. Isto é, na unidade e na continuidade temporal, os fatos valorosos, as batalhas vencidas e as glórias conquistadas não se tornavam algo irrepetível, que ficou para trás, mas eram transformados em modelos, ideais, eventos que se perpetuavam.

> Segundo o historiador francês François Hartog (nascido em 1946), cada sociedade apresenta um **regime de historicidade** que lhe é próprio, isto é, uma forma pela qual o passado e o futuro atuam e participam do presente. As pessoas têm uma ideia de como o passado construiu e afeta seu presente; ou seja, as pessoas em uma sociedade se compreendem por meio de sua percepção da experiência – da relação com o passado. Ao mesmo tempo, elas têm determinadas expectativas, isto é, compreendem como o passado e o próprio presente podem ajudar a construir o futuro. Essa relação que o indivíduo tem com as noções temporais de sua sociedade é difícil de ser contestada e apresenta uma longa duração (Hartog, 2013).
>
> Segundo Hartog (2013), o regime de historicidade do mundo contemporâneo é marcado pelo apego ao presente devido a uma desesperança em relação ao futuro, que é visto como incerto. A incerteza do presente é acentuada por um passado que, embora seja conhecido, não direciona mais a determinado futuro. Assim, o passado não constrói um autoconhecimento que permita uma vida além do presente. A globalização, o crescimento da economia mundial, a busca desenfreada pela competitividade e do lucro geram um desejo de aproveitar o presente, em que consumo e satisfação se equivalem. Não se estimula a poupança, o investimento ou a preparação, mas o aproveitamento, intenso e profundo, do presente.
>
> Esse regime de historicidade teria substituído aquele da modernidade, que via o tempo como direcionado a um fim, marcado pelo progresso (Hartog, 2013).

Antonio Fontoura

O modelo temporal que utilizamos hoje, e com o qual estamos acostumados, tem forte influência da concepção judaico-cristã: nesta, o tempo toma a forma de uma linha, de uma direção irreversível do passado ao futuro. O mundo apresenta um momento de criação, um momento de queda, e uma vida na terra que é consequência de ações tomadas no passado – é uma visão religiosa, mas com uma historicidade. No cristianismo, há ainda a materialidade de Jesus, que aceitou viver como homem e, por isso, também participa de um nascimento, de uma vida e de uma morte; portanto, apresenta um tempo humano.

Partindo dessa ideia concreta, um monge europeu do século VI, chamado Dionísio, o Pequeno (*pequeno*, aqui, significa *humilde*), criou a ideia de identificar os anos contando-os a partir da encarnação de Jesus Cristo. A adoção desse sistema não foi imediata. Passou a se tornar conhecida quando outro monge, Beda, o Venerável, introduziu-o nas obras que escreveu na Inglaterra, onde morava, na passagem para o século VIII. Esse modelo iria se difundir lentamente, tornando-se algo comum para a Igreja no século XI e de uso generalizado apenas no século XVII. Atualmente, no Brasil, usa-se a forma abreviada d.C. (depois de Cristo) e a.C. (antes de Cristo) como marcos de datação.

Durante muitos anos, na Europa, o controle do tempo foi quase que um monopólio da Igreja. Era fundamental para a organização das festas móveis (como o cálculo da Páscoa, por exemplo), bem como para o controle das orações e das atividades religiosas nas várias horas do dia. O tempo, além disso, era algo considerado próprio de Deus, razão pela qual o usurário, durante a Idade Média, era condenado: como lucrava com o empréstimo, afirmava-se que vendia algo que pertencia apenas a Deus, ou seja, o tempo.

O ano avançava seguindo a regularidade do calendário das festas religiosas, enquanto o passar do dia era controlado pelos sons dos sinos. A maioria das pessoas não tinha preocupação com o tempo e, mesmo no século XVI, com a invenção do relógio mecânico, o controle das horas e das datas com alguma precisão era basicamente um interesse exclusivo da Igreja. Quando muito, as pessoas interessavam-se pelo dia e o mês.

Se atualmente temos dias e horários de trabalho, além de momentos claros de definição entre o que é lazer e o que não é, isso se deu por conta das modificações que a Revolução Industrial e o método de produção fabril instituíram na concepção de tempo em nossas sociedades. Nas comunidades mais tradicionais, as tarefas a serem executadas determinavam o controle do tempo, e não havia uma dissociação entre trabalho e vida, ou trabalho e lazer, já que ambos eram considerados concomitantes.

Em sociedades pré-industriais, o mais comum era que o trabalho fosse organizado por tarefas a serem realizadas, e não por marcação do tempo. Para a sociedade industrial, porém, "tempo é dinheiro". Isso significou que, com o surgimento e o desenvolvimento das fábricas, a partir do século XVIII, viu-se como necessário estimular uma nova racionalidade no uso do tempo, como uma maneira de ampliação das horas de trabalho e aumento da produtividade e, por fim, do lucro. Essa imposição de uma nova forma de pensar o tempo partiu de duas estratégias: uma técnica e outra, moral. Vejamos cada uma delas.

A parte **técnica** refere-se ao desenvolvimento e ao barateamento do relógio, levando à sua difusão. Inicialmente resultado do serviço dos melhores artesãos e, portanto, caros, o relógio de dois ponteiros e o de pequenas dimensões (portátil) eram símbolo de *status*. Isso acontecia tanto por seu preço quanto pela representação simbólica de contato com o tempo certo, preciso, e que carecia ser produtivo. Foi diante de sua gradual importância social que mesmo as pessoas de classes sociais mais baixas passaram a se esforçar para adquirir relógios. E, embora fossem se tornando mais baratos ao longo do século XVIII, os relógios só se tornaram populares no século XIX. Mas, além do desenvolvimento técnico, houve mudanças na parte **moral**, com a construção e a divulgação de uma ideia de que o tempo era algo muito valioso em si e que não poderia ser desperdiçado. Assim, eram dignas de elogio as pessoas que acordavam cedo, eram produtivas e cumpriam suas tarefas nos prazos determinados. E o ócio passava a ser visto, além de um desperdício de tempo (e, portanto, de trabalho e de produção), como algo que deveria ser condenado. A ociosidade significava um relaxamento pernicioso do corpo, um enfraquecimento que levava à ruína dos indivíduos. Tornaram-se comuns as críticas e a condenação à maneira popular (não industrial) de lidar com o tempo por trabalhar em função da necessidade, e não em busca de uma produção constante.

 Esses discursos morais vinham acompanhados de regras práticas. As fábricas começavam a determinar horários exatos para a entrada e a saída do trabalho, além de períodos fixos para as refeições. E, como a tecnologia dos relógios ainda não se aperfeiçoara, era escolhido um único relógio – o do supervisor, por exemplo –, que servia de base para os horários a serem seguidos.

 Uma das instituições que melhor foi organizada com base nesse modelo de tempo, além de ajudar a difundi-lo, foi a escola. Nela, os corpos das crianças passaram a ser disciplinados à maneira das fábricas, com horários controlados, acabando-se por produzir uma internalização das regras de tempo características da sociedade industrial.

(3.2)
As características do tempo histórico

Discutimos, até o momento, várias formas de pensar o tempo. Porém, para o restante do capítulo, três diferentes temporalidades serão as mais importantes.

Em primeiro lugar, há o chamado *tempo do relógio* ou *tempo do calendário*. Ele é resultado de um conjunto de processos históricos que engloba a definição das unidades de tempo (segundos, minutos, horas, dias, anos etc.), a abstração da ideia de *tempo* e a precisão na sua medição, facilitada pelo desenvolvimento tecnológico. Serve como medida para eventos como horas trabalhadas ou atividades cotidianas.

Em segundo lugar, há o **tempo social**, que é o tempo próprio de uma sociedade ou cultura. Discutimos alguns exemplos no item 3.1. Trata-se da maneira pela qual um grupo social humano relaciona-se com o presente, com a experiência (que se vincula ao passado) e a expectativa (que se vincula ao futuro).

O terceiro tipo de tempo é o que denominaremos aqui de *tempo histórico*. É a forma pela qual historiadoras e historiadores recortam temporalmente os temas que estudam, criam periodizações e pensam em mudanças e permanências ao longo do tempo. Trata-se do tempo como uma ferramenta de análise, que engloba o uso de linhas do tempo, a escolha pelo estudo de pequenas durações (como os eventos políticos) ou de longuíssimas durações (como a relação de uma sociedade com o meio geográfico em que vive). Em suma, é um tempo que os historiadores impõem aos seus objetos de pesquisa para melhor estudá-los.

Cabe lembrar que nenhum desses (ou de outros) tempos está isolado dos demais. O tempo do relógio relaciona-se ao tempo social porque a instituição das medições de tempo foram construções históricas. O tempo histórico está ligado ao tempo social porque os historiadores vivem em determinada época e cultura e, portanto, utilizam-se dos conceitos de presente, passado e futuro de sua própria realidade.

3.2.1 A ATEMPORALIDADE E A HISTORICIDADE

A existência de uma temporalidade é vital para a ciência histórica, afinal, se algo é atemporal, isto é, sempre existiu da mesma forma, naturalmente não tem uma história. Durante muitos anos, a crença na existência de uma natureza humana universal fez com que as características de um determinado povo e uma determinada época fossem consideradas válidas para todas as pessoas, em todos os tempos. Sigmund Freud (1865-1939), por exemplo, acreditou que suas conclusões psicanalíticas, baseadas no estudo de algumas pessoas da elite austríaca do final do século XIX, seriam extensíveis a todas as pessoas, em todos os tempos. Freud chegou, inclusive, a ensaiar estudos históricos baseados em sua teoria, buscando desenvolver uma filosofia da história em que o surgimento da cultura humana imitava as relações psíquicas que ele acreditava ter descoberto.

Num contexto geral, muitas coisas já foram feitas. Já se buscou aplicar as leis darwinianas da evolução em processos históricos. Já se considerou que fenômenos sociais complexos se deviam a emoções simples e fundamentais dos humanos – por exemplo, a guerra como uma exacerbação do instinto de violência. Já se argumentou que todas as mulheres do mundo teriam de ter certas características que comportariam uma feminilidade universal, e que os homens seriam, sempre e "naturalmente", de outra forma. Portanto, todas as pessoas seriam iguais, sempre e em qualquer lugar; o que as torna diferentes seriam suas tecnologias, suas roupas e algumas de suas crenças mais ou menos exóticas. Esse tipo de argumento, não raro, é utilizado para a manutenção do *status quo*: não há necessidade de mudança (por exemplo, por que aceitar que as mulheres votem?), porque tudo "sempre foi assim" (afinal, "elas só se interessam pelas coisas da casa, e política é coisa de homem").

Porém, se as instituições fossem apenas variações de algumas poucas características universais, comuns a todos os humanos, sairíamos da história e entraríamos na biologia. Há, certamente, muitos elementos biológicos que influenciam os indivíduos e as sociedades. Ainda assim, a quase infinita multiplicidade de estruturas sociais, de culturas, de estratégias e de soluções encontradas pelos grupos humanos comprovam que a realidade social é construída com base na história, sendo, assim, inteligível.

A atemporalidade é, tecnicamente, uma espécie de *anacronismo* (daremos mais atenção ao significado desse termo mais adiante), pois é incapaz de conceber diferenças temporais e iguala todas as pessoas, de todas as épocas, com base em valores do presente.

3.2.2 As relações entre presente, passado e futuro

Observamos no capítulo anterior como uma concepção de história, exemplificada pelos metódicos, implicava uma noção específica de causalidade, em que causas e consequências sucediam-se de forma simples entre si, e a *antecedência* era tomada quase como sinônimo de *causa*. A concepção restrita de história impactava, também, nas ideias a respeito da temporalidade: o que importava eram os grandes homens e suas ações (especialmente políticas), por isso prestavam pouca atenção à análise de períodos mais amplos. O fundamental eram eventos organizados cuidadosamente em calendários, em que datas específicas – 14 de julho de 1789, 7 de setembro de 1822, 15 de novembro de 1889 – marcariam momentos em que a história efetivamente teria ocorrido: a tomada da Bastilha, a Independência do Brasil, a Proclamação da República do Brasil. O presente do historiador, por sua vez, era considerado desligado do passado; isso era consequência de sua concepção de objetividade, da crença na absoluta separação entre sujeito e objeto.

A ampliação dos objetos e dos métodos dos estudos históricos levou, a partir das primeiras décadas do século XX, a novas concepções a respeito do tempo histórico. Em primeiro lugar, o tempo deixou de ser limitado à curta extensão do evento e passou a abarcar temporalidades variáveis, de modo a compreender diferentes objetos, com base em diferentes perspectivas. Em segundo lugar, evidenciou-se que não poderia haver o suposto desligamento temporal dos historiadores que se acreditava possível; ou seja, historiadores estavam no tempo, não podiam fugir disso. Só poderiam olhar o passado em diálogo com o próprio tempo em que viviam.

O passado e o presente mantêm, assim, uma relação dialógica. Mas o que isso significa? Que o passado não está isolado do presente, como se estivesse sob uma redoma, acessível aos olhos do pesquisador como quem investiga uma espécie capturada; mas, sim, que se o presente é consequência de determinado passado, também o passado é visto com os olhos do presente, pois são as preocupações atuais que são lançadas a esse passado. Um diálogo, portanto.

A pesquisadora holandesa Jo Teeuwisse, analisando os arquivos históricos da cidade de Cherbourg, na França, encontrou imagens de batalhas da Segunda Guerra Mundial que ocorreram naquela cidade. Utilizando-se de programas de manipulação de imagens, lançou um projeto chamado *Fantasmas da história*, em 2012. Nele, as cenas de guerra que ela encontrou foram mescladas a fotos atuais da cidade.

(3.3)
O TEMPO COMO FERRAMENTA HISTÓRICA

Para iniciarmos o estudo sobre o tempo como ferramenta histórica, observe a tirinha a seguir.

Figura 3.1 – Tirinha Deus

https://laerte.art.br/

A história é uma espécie de máquina do tempo que não leva ao passado nem faz sorvete de pistache. Historiadores manejam o tempo de modo que seus objetos possam se tornar mais evidentes, seus temas se sobressaiam, e suas explicações históricas tenham fundamento.

Vamos analisar dois termos comuns da análise temporal em história: a *sincronia* e a *diacronia*. Não se assuste com essas palavras – pense na sincronia como uma fotografia e na diacronia como um filme. Você dominará seu significado para a história logo a seguir. Com base nesses conceitos, debateremos um primeiro entendimento de como os historiadores trabalham com os tempos históricos baseados em seus objetos para melhor entendê-los.

Em 1940, foi lançado no Brasil o livro *Nossa vida sexual*, de Fritz Kahn (1888-1968), publicado originalmente na Suíça, três anos antes. Tratava-se de um manual sexual conjugal, ou seja, um manual para ensinar as pessoas a ter relações sexuais. Para realizar uma análise que explique a existência de um mercado para livros como o de Kahn, precisamos obter várias informações sobre o período: que modificações o país estava passando em relação a temas como *sexualidade* e *conjugalidade*; o papel que médicos como Kahn tinham no aconselhamento sexual; qual relação foi estabelecida entre o conceito de **pudor** e o de **civilidade**. Para isso, realizamos uma análise de **sincronia**.

E o que significa esse termo? A palavra *sincronia* é relativamente comum e refere-se a dois eventos que são realizados simultaneamente. Assim, podemos falar de dançarinos que estão em sincronia ou de relógios que estão sincronizados.

A **análise de sincronia**, ou sincrônica, do livro de Kahn, portanto, é uma análise dos fatos históricos que ocorrem ao mesmo tempo em que é lançado seu livro. É uma análise de contexto, uma estratégia que privilegia o estudo do relacionamento de um evento com outros do próprio período. Não se trata, exatamente, de uma parada temporal. O tempo, aqui, não fica congelado, mas é, digamos, reduzido em sua velocidade. Está em *slow motion*.

Assim, podemos descobrir que, nas primeiras décadas do século XX, surgiu um mercado editorial para livros de aconselhamento conjugal voltados à sexualidade; que esse mercado desempenhava uma função pedagógica importante, pois não havia espaços sociais para falar ou aprender sobre sexo; que o livro de Kahn concordava com uma concepção existente no Brasil do período de que a sexualidade deveria ser apenas conjugal, heterossexual e voltada à procriação, em um momento em que o comportamento sexual de uma população estava associada à civilidade de um país como um todo.

O livro de Kahn, por fim, era apenas mais um entre outros, nesse período, com propostas bem semelhantes: ensino do sexo a maridos e esposas, aconselhamento contra perversões sexuais, lições sobre a higiene sexual do casal. O que apresentamos aqui é o resumo de uma análise sincrônica.

A **análise diacrônica**, por sua vez, privilegia a observação ao longo de determinado tempo. Enquanto a sincronia busca compreender o menor tempo possível, na diacronia o importante é descobrir como o objeto estudado se modifica dentro de um recorte temporal mais amplo.

Na análise diacrônica, descobrimos que o livro de Kahn, a partir dos anos 1940, tornou-se um dos livros mais vendidos do Brasil em sua área; que, enquanto em outros países a sua publicação era encerrada (inclusive na Alemanha, lar do autor), no Brasil ela permanecia sempre com destaque em vendas; que, mesmo quando começou no Brasil a chamada *Revolução Sexual* a partir de finais dos anos 1960, o livro ortodoxo de Kahn continuou a vender 50 mil cópias por ano; e que, ao contrário do que havia ocorrido em outros países, o livro ficou mais de 40 anos no mercado, sendo a sua 27ª e última edição publicada em 1982.

Nesse rápido passeio diacrônico pela obra de Fritz Kahn, descobrimos que, mesmo com os conceitos de sexualidade mudando no país desde a primeira publicação do livro até a sua edição final – maior liberação feminina, venda da pílula anticoncepcional a partir dos anos 1960, questionamento da monogamia e do casamento a partir do final daquela década, relaxamento da censura e publicação de revistas pornográficas no início dos anos 1980 –, ainda assim, o livro

Antonio Fontoura

continuava encontrando uma grande recepção no Brasil. Na análise diacrônica, portanto, o evento é analisado ao longo de um período.

Agora, sugerimos que você volte ao capítulo anterior (página 96) e rememore o esquema utilizado para discutir agência e estrutura (Figura 2.1). Foi? Ótimo. Daquele esquema podemos identificar, visualmente, o que se entende por *sincronia* e por *diacronia*. Veja agora a Figura 3.2.

Figura 3.2 – Sincronia e diacronia

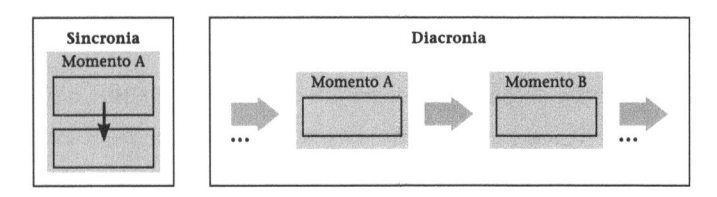

Sincronia	Diacronia
Momento A ↓	Momento A ➡ Momento B ➡ ...

Assim, enquanto a sincronia refere-se a um evento em um momento específico e sua relação com o contexto, a diacronia se refere à compreensão das mudanças ao longo do tempo que dura o evento.

3.3.1 CURTA, MÉDIA E LONGA DURAÇÕES

As análises sincrônica e diacrônica das edições do livro *Nossa vida sexual*, de Fritz Kahn, permitem, ainda, compreender como funcionam as ideias de *tempo histórico* relacionadas à **mudança** e à **permanência**. Por um lado, havia um conjunto de mudanças em relação ao comportamento sexual da sociedade brasileira no período em direção a uma menor repressão e a uma valorização do erótico. Por outro, existia certamente uma permanência de valores conservadores, pois o livro de Kahn, de teor conservador, conseguia atingir um público significativo, mesmo em momentos de liberação sexual.

Outro exemplo da relação entre mudança e permanência pode ser encontrado no Brasil do Segundo Reinado. De um lado, o período foi marcado por mudanças, como a vinda de imigrantes ao país e o início de um processo industrial a partir de meados do século XIX. Porém, de outro lado, existiam permanências importantes, como a persistência de um modelo econômico agrário exportador e, é claro, a presença do trabalho escravo.

Sugerimos agora que você faça um exercício de estudar as imagens a seguir com atenção, procurando identificar nelas mudanças e permanências.

Figura 3.3 – Rua da Quitanda, São Paulo, 1862 e 1887

Militão Augusto de Azevedo / Acervo Instituto Moreira Salles

Fonte: Brasiliana Fotográfica, 2016.

As duas imagens da Rua da Quitanda, na cidade de São Paulo, datam de 1862 e 1887, respectivamente. Elas exemplificam bem como, em um recorte temporal –, determinado aqui pela data das fontes –, certas mudanças e permanências podem ser observadas. A estrutura fundamental da rua, com sua curva para a direita, ao fundo, ainda domina a paisagem. Alguns prédios sofreram mudanças importantes, outros mantiveram boa parte de sua aparência de

Antonio Fontoura

1862. A pavimentação modificada e homogênea revela a atuação do Poder Público na região.

Esse exemplo visual é bastante significativo para destacar que o tempo histórico não é linear, isto é, determinados elementos mudam de forma mais acelerada do que outros. Há também aqueles que pouco ou nada mudam. A sociedade, portanto, não se modifica na mesma velocidade em todos os seus componentes.

Assim, se as mudanças não são lineares, a historiadora ou o historiador devem escolher, em função do objeto de sua atenção, diferentes temporalidades. Se o objeto de estudo for, por exemplo, as ações públicas na cidade de São Paulo em meados do século XIX, o tempo a ser utilizado será o de **curta duração**. Nesse sentido, as fotos da Rua da Quitanda tornam-se fontes importantes, pois apresentam uma comparação entre dois momentos da cidade em um período de cerca de 25 anos. Trata-se de uma história dos acontecimentos, dos eventos, das ações políticas, das lutas pela melhoria urbana, dos problemas e das soluções relacionados a saneamentos.

Uma ampla história da urbanização da cidade ocupará um período de **média duração**. Nesse caso, o recorte temporal deverá ser de mais de um século, sendo que as fotos da Rua da Quitanda, ainda que tenham o seu valor, serão apenas um pequeno pedaço de todo um quadro que se pretende estudar.

Uma terceira possível temporalidade é da **longa duração** ou **tempo geográfico**. Nesse caso, pode-se estudar de que modo a geografia da região conforma os espaços que foram ocupados, primeiro por indígenas, depois por colonizadores. O estudo pode se estender às diferenças existentes entre a serra e o litoral ou a como surgem as áreas que servirão de caminhos. As extensões temporais, aqui, são medidas em vários séculos. Nesse recorte, ainda mais amplo, a Rua da Quitanda torna-se um mero ponto, e os 25 anos que separam as duas fotos são praticamente indistinguíveis.

Esse modelo de três temporalidades – curta, média e longa durações – foi desenvolvido por Fernand Braudel, historiador francês ligado à escola histórica dos *Annales*. Ele aplicou essas três temporalidades em sua obra *O mediterrâneo* (Braudel, 1992): no primeiro capítulo, ele trata da longa duração, do tempo praticamente imóvel da geografia e as determinações que ela produziu; no segundo capítulo, ele aborda a média duração e as questões sociais, econômicas e culturais, analisando a ascensão e queda de aristocracias em períodos de dois a três séculos; o terceiro capítulo, da temporalidade da curta duração, é dedicado à história dos eventos, da política e das ações de indivíduos.

Podemos destacar que esse último capítulo traz o tempo histórico menos preferido por Braudel. Para o autor, ele é o menos revelador, pois é o tempo de um evento que, "com sua fumaça excessiva, enche a consciência dos contemporâneos", mas não é fundamental (Braudel, 1992, p. 45). Seria o tempo dos "medíocres acidentes", que trariam consigo uma preocupação para o jornalista, e não para o historiador. Segundo Braudel (1992), os tempos mais amplos determinam a história de curta duração e, por isso, esta seria menos significativa.

Vale a pena ler um trecho da própria descrição de Braudel sobre as três temporalidades:

> *A primeira põe em questão uma história quase imóvel, a do homem em suas relações com o meio que o cerca; uma história lenta, no seu transcorrer e a transformar-se [...]. Acima dessa história imóvel [...] uma história* **social**, *a dos grupos e dos grupamentos. Como é que essas ondas do fundo levantam o conjunto da vida mediterrânea? [...] Terceira parte,*

enfim, [...] da história à dimensão não do homem, mas do indivíduo, a história ocorrencial. [...]

Assim chegamos a uma decomposição da história em planos escalonados. Ou, se quisermos, à distinção no tempo da história, de um tempo geográfico, de um tempo social, de um tempo individual. (Braudel, 1992, p. 13-5, grifo do original)

Braudel estava certo? Em termos. Sem dúvida, o recurso de diferentes temporalidades é uma estratégia interessante para que se possa compreender diferentes influências. Seria como se alguém se afastasse ou se aproximasse de um grande quadro para compreender a relação entre determinada ação específica e o seu contexto como um todo. Porém, a escolha de um recorte temporal não pode ser feita por princípio e, certamente, a temporalidade curta não é problemática em si.

Em 1978, a polícia política do Paraná fechou duas escolas infantis e prendeu 11 pessoas, acusadas de inculcar princípios marxistas nas crianças. Essa ação repressiva da ditadura, que ficou conhecida como "operação pequeno príncipe", não poderá ser compreendida pela longa ou média duração. Trata-se, contudo, de um evento fundamental para compreender as formas pelas quais a repressão política se estruturava e agia. Não há, portanto, nada de errado nessa história do acontecimento (*histoire événementielle*[1]), ou seja, das ações humanas na curta duração. Ao contrário, é o recorte temporal adequado para a pesquisa.

Por outro lado, um estudo das relações entre o comércio escravo e a economia do Brasil não poderá ser feito na curta duração (embora possam ser utilizados estudos de caso ou exemplos), mas apenas na

---

1 É comum, na historiografia e em obras de teoria, que a **história do acontecimento**, especialmente quando se refere às críticas feitas por Braudel, apareça com seu termo francês, histoire événementielle.

média duração. Assim, o que vai definir a temporalidade serão o objeto de pesquisa e as questões a serem resolvidas.

Cabe dizer, para finalizar esta subseção, que a proposta de Braudel de uma história em três temporalidades, apesar de muito admirada, foi pouco seguida. A monumentalidade de seu *O mediterrâneo* intimidou seguidores. Especificamente a abordagem do tempo geográfico, a longa duração, foi pouco reproduzida em obras posteriores.

3.3.2 Diferentes temporalidades

A última inscrição conhecida da Antiguidade, escrita em hieróglifos egípcios, é um texto religioso de Esmet-Akhom em um templo da Ilha de File. As imagens são mal produzidas, revelando um escriba pouco hábil. Os hieróglifos não têm simetria e aparecem de forma quase desordenada em certos trechos. Trata-se de um registro de uma cultura em decadência, de uma religião que se findava e de um tipo de escrita que desaparecia. Ainda que, por acaso, o texto dessa inscrição permita que sua data seja determinada com precisão – 24 de agosto de 394 d.C. –, é o testemunho de um longo processo de mudança na milenar história do Egito.

Diferentes temporalidades são importantes porque o próprio tempo histórico, como já se afirmou, não é linear. Mudanças não ocorrem da mesma forma em espaços de tempos semelhantes; elas se estendem por longos períodos ou se aceleram. Revertem-se, difundem-se, podem se manter superficiais ou se aprofundar.

Não se conhece nada de Esmet-Akhom além de seu registro dramático. Porém, e a título de exemplo, se buscássemos entender seu papel social, seria necessário recorrer a amplas temporalidades que pudessem explicar a subordinação e a dominação política do Egito, a decadência do modelo religioso tradicional e a ascensão de crenças pagãs e até o surgimento do cristianismo. Mas, também, precisaríamos recorrer à sua curta duração para compreender em que contextos a antiga religião egípcia sobrevivia, quem eram os poucos que ainda escreviam em hieróglifos e como, no século IV, relacionavam-se com o cristianismo em ascensão. O recurso a diferentes temporalidades é, nesse caso, prática útil.

Mas devemos ter cuidado para não utilizar temporalidades inadequadas na pesquisa. Tentar explicar o processo de liberação sexual que ocorreu no Brasil nos anos 1970 tomando os períodos de cada mandato presidencial como recortes temporais é confundir duas temporalidades diferentes: a das mudanças em relação aos comportamentos e a da política. Certamente, houve elementos políticos, como a censura, bem como o controle legal das pílulas anticoncepcionais, que afetavam os comportamentos das pessoas. Mas os principais fatores das mudanças em relação ao corpo, aos costumes privados e à sexualidade como um todo estão em outra temporalidade. São temas afetados por outras condições, que se modificam de maneira diversa à da história política, embora dialoguem com ela.

Desconsiderar a existência de múltiplas temporalidades nos eventos históricos pode, inclusive, levar a conclusões absurdas. A Tomada da Bastilha, em 1789, foi, sem dúvida, influenciada pela demissão do ministro das finanças Jacques Necker, que a população acreditava apoiar o terceiro estado. Mas, se tomarmos esse evento com base em um modelo simples de causalidade e considerarmos apenas a temporalidade da política, corremos o risco de entender a demissão de Necker como a causa da Tomada da Bastilha e fator fundamental da Revolução Francesa.

Ora, uma explicação dada dessa maneira simplista ignora os problemas financeiros do Estado francês, as dificuldades com as colheitas, o desgaste do modelo de divisão social em três estados, a influência inglesa na crítica ao absolutismo, os questionamentos iluministas, entre outras questões. São eventos que ocorrem em temporalidades específicas, algumas de desenvolvimento mais lento, outras de causa e influência mais imediatas.

As **revoluções**, aliás, são outro exemplo das diferentes temporalidades históricas – considerando que a Revolução Francesa é um modelo paradigmático. Originalmente o termo *revolução* significa um ciclo, algo que partia e retornava ao ponto original, como a revolução dos planetas. Esse significado é frequente na astronomia. Porém, após os eventos que ocorreram na França do final do século XVIII, consolidou-se um novo significado: o de mudança radical, com o surgimento de algo totalmente novo e o abandono do antigo.

O termo se tornou central ao vocabulário marxista em sua concepção de história. Opressores e oprimidos em conflito promoviam a "reconstituição revolucionária de toda a sociedade" ou a "destruição das classes em conflito" – observamos isso quando estudamos filosofias da história. O surgimento da burguesia seria o resultado de "uma série de revoluções", e era, ela mesma, uma classe "revolucionária".

Outra utilização do termo *revolução* foi pensada por Thomas Kuhn, com base em seus estudos em história da ciência. Uma *revolução científica*, para Kuhn, ocorre quando um determinado número de dados anômalos se acumula e contesta o paradigma científico vigente. Uma revolução, assim, seria uma mudança de paradigmas, uma forma diferente de se conceber métodos e explicações, que substitui o padrão anterior e permite a integração de novos modelos explicativos, bem como de novas práticas. Incorporam o que no paradigma anterior era considerado anomalia.

O termo *revolução* também é utilizado para descrever mudanças que ocorrem em longuíssimos períodos de tempo, como é o caso da revolução agrícola, ocorrida no neolítico, que marca a sedentarização e o desenvolvimento da agricultura de grupos humanos; ou, ainda, a ideia apropriada por certos grupos políticos para legitimar sua ação, não raro autoritária, em uma sociedade: há que se lembrar que o golpe que instituiu a ditadura civil-militar no Brasil foi nomeado, pelos próprios militares, como *Revolução de 1964*, e eles chamavam a si mesmos de *revolucionários*. Historiadores, por sua vez, classificam o evento como um *golpe de Estado*. E há outros tantos eventos históricos que evocam a ideia de *revolução*, ainda que utilizem diferentes nomes, como "o grande salto para frente" da China de Mao-Tse-Tung.

Diante de tantos usos diferentes, algo resta do termo *revolução* que seja útil como conceito? Usualmente, em história, *revolução* refere-se a uma temporalidade específica: um período relativamente curto de tempo que promove e marca o início de profundas mudanças, usualmente realizadas de forma violenta, em aspectos essenciais da sociedade. Pense no modelo revolucionário francês, em que representantes populares assumiram o poder, derrubaram a monarquia, executaram o rei e instauraram uma república. Este continua sendo o modelo tradicional para uma "revolução".

Temos, então, um termo – ou um conceito – que apresenta problemas. De que forma se pode medir ou avaliar a profundidade das mudanças para defini-las como *revolucionárias*? Quão "curto" tem de ser o tempo para que se possa diferenciar uma revolução de outras mudanças importantes, mas graduais, que ocorreram no passado? A industrialização foi um processo de intensa mudança na estrutura social, primeiro europeia, depois ocidental e mundial. Ela foi violenta, se considerarmos a situação dos primeiros trabalhadores e seus conflitos em busca de melhores condições de trabalho, bem como a própria colonização. Mas foi suficientemente curta para que seja denominada *Revolução Industrial*? E o que dizer de grandes catástrofes naturais como a peste negra, na Europa Medieval, o terremoto de Lisboa, em 1755, a erupção do Tambora, em 1815, e a cólera na Índia, em 1830 e 1840? Todas elas parecem trazer mudanças sociais que se assemelham a revoluções?

Há, além de tudo, a questão política envolvida no termo *revolução*. Sendo adotado pelo discurso marxista, o termo pode, muitas vezes, vir implicado de uma concepção materialista de história, que envolve a luta de classes e a preponderância econômica nas explicações históricas.

3.3.3 O ANACRONISMO

Em um templo em Abidos, no Egito, existe um hieróglifo que claramente representa um helicóptero: Em que os antigos egípcios se basearam quando fizeram essa inscrição? Astronautas, vestindo capacetes brilhantes, são facilmente identificáveis em pinturas rupestres, datadas de 20 mil anos atrás, no Vale Carmonica, na Itália. Como seria possível que seres humanos, sem equipamentos modernos, fossem capazes de construir as pirâmides de Gizé? Ou, então, quem não consegue constatar que o sarcófago de Pacal, governante maia do século VII, é, na verdade, a reprodução de um astronauta acionando os controles de sua nave espacial? Sobre este caso, observe a Figura 3.4.

Figura 3.4 – Lápide do sarcófago de Pacal

Nenhum desses argumentos, é claro, apresenta o mais remoto indício de verdade. Porém, e talvez pela única vez, essa pseudoarqueologia pode ser útil para ajudar a construir um verdadeiro conhecimento. Essas argumentações, bem como aquelas que afirmam que alienígenas, de alguma forma, participaram da história humana, são possíveis devido a um erro relacionado à temporalidade histórica. Trata-se do **anacronismo**.

Identificar um helicóptero no Antigo Egito ou um astronauta no século VII maia só é possível por conta do anacronismo. É quando avaliamos um determinado período histórico com base nas concepções de outro. No caso dessas teorias da conspiração, os "especialistas" nada mais fazem do que interpretar os dados do passado baseando-se nas concepções do presente. Dessa maneira, lançam suas próprias ideias de tanques, helicópteros e astronautas em representações antigas e desconsideram o significado original das imagens.

O anacronismo não leva em conta que cada período histórico constrói significados específicos à sua própria realidade. Alguns dos modelos anacrônicos ainda são bastante comuns em história, como interpretar os textos romanos com base nos significados gregos, os textos medievais baseando-se em concepções modernas ou, o que é mais comum, o passado com base em valores e entendimentos do presente.

Um exemplo de historiografia dominado pelo anacronismo surgiu na Inglaterra e é a chamada **compreensão *whig* da história**. O título refere-se aos *whigs*, grupo político de importante atuação na história britânica. A característica do modelo da história *whig* é a de ler os eventos históricos como se caminhassem para um objetivo previamente definido. No caso, uma evolução inevitável em direção ao progresso da humanidade, a uma maior liberdade e racionalidade. O passado, portanto, é lido com base em uma determinada concepção do presente, e os eventos históricos são rearranjados para que confirmem esse processo.

Esse anacronismo pode ter a direção contrária. O historiador Edward Carr afirmava que, por ter nascido logo após o auge da era vitoriana, só podia pensar em termos de um mundo em permanente e irrecuperável declínio. Trata-se, aqui, também de um anacronismo presentista, embora de sentido contrário ao do modelo *whig*: o passado é visto como uma era dourada, cujos valores foram gradualmente se perdendo, até alcançar um presente visto como lamentável. Uma versão anedótica dessa concepção afirma que a história polonesa (ou russa, dependendo de quem a conta) poderia ser resumida terminando-se cada parágrafo com "e, então, tudo ficou pior".

3.3.4 LINHAS DO TEMPO

Dentro de uma concepção linear de tempo, o passado constrói o presente e o futuro ainda não existe (talvez, apenas como desejo, esperança, previsão). Esse modelo linear é bem representado pela flecha do tempo, tão comum nas "linhas do tempo". A localização precisa dos fatos é importante, é uma obrigação e uma pré-condição para o estudo de história, mas as preocupações do tempo histórico não se esgotam aí.

Se as datas devem ser fixas – ou seja, os eventos de 11 de setembro de 2001, nos Estados Unidos, não podem ser transportados para outras datas –, historiadores devem ter consciência de que as periodizações e os recortes temporais, a identificação de mudanças e permanências, são criados com base em interpretações. São, portanto, história, e não dados prontos: trata-se do resultado de escolhas conscientes dos pesquisadores em seu objetivo de ordenar os eventos passados. Ou seja, se há acordo entre historiadores na identificação de eventos fundamentais da história – por exemplo, o desenvolvimento da imprensa ocorreu antes da invenção do telefone –, a justificativa para periodizações, recortes e análises temporais são necessárias na fundamentação do trabalho de história.

Segundo o historiador da literatura Alfredo Bosi (1936-),

contar o que aconteceu exige que se diga o ano, o dia, a hora. As datas são pontas de iceberg, balizas que orientam a navegação no tempo, evitando o choque e o naufrágio. As datas são sinais inequívocos, números, sempre iguais a si mesmas. As datas são numes, pontos de luz na escuridão do tempo. (Bosi, 1992, p. 19)

Além disso, a linha do tempo, isto é, a associação entre determinado evento histórico e o tempo do calendário, é uma ferramenta. Isso não quer dizer, contudo, que seja neutra.

No final do Segundo Reinado, no ano de 1876, foi publicado o *Almanaque Guimarães* com dados comerciais do Rio de Janeiro e que trazia uma cronologia própria dos fatos mais importantes do Brasil, segundo seus autores. Um excerto dele pode ser visto na Figura 3.5, a seguir.

Figura 3.5 – Épocas do Brasil

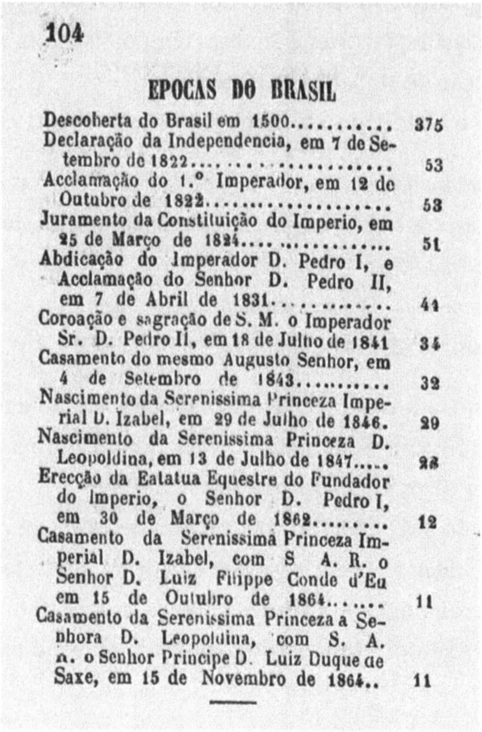

```
104
       EPOCAS DO BRASIL
Descoberta do Brasil em 1500..........   375
Declaração da Independencia, em 7 de Se-
  tembro de 1822......................    53
Acclamação do 1.º Imperador, em 12 de
  Outubro de 1822....................     53
Juramento da Constituição do Imperio, em
  25 de Março de 1824.................    51
Abdicação do Imperador D. Pedro I, e
  Acclamação do Senhor D. Pedro II,
  em 7 de Abril de 1831...............    44
Coroação e sagração de S. M. o Imperador
  Sr. D. Pedro II, em 18 de Julho de 1841  34
Casamento do mesmo Augusto Senhor, em
  4 de Setembro de 1843...............    32
Nascimento da Serenissima Princeza Impe-
  rial D. Izabel, em 29 de Julho de 1846.  29
Nascimento da Serenissima Princeza D.
  Leopoldina, em 13 de Julho de 1847...    28
Erecção da Estatua Equestre do Fundador
  do Imperio, o Senhor D. Pedro I,
  em 30 de Março de 1862..............    12
Casamento da Serenissima Princeza Im-
  perial D. Izabel, com S. A. R. o
  Senhor D. Luiz Filippe Conde d'Eu
  em 15 de Outubro de 1864...........     11
Casamento da Serenissima Princeza a Se-
  nhora D. Leopoldina, com S. A.
  R. o Senhor Principe D. Luiz Duque de
  Saxe, em 15 de Novembro de 1864..       11
```

Fonte: 1º Folhinha, 1876, p. 104.

Os eventos das "épocas do Brasil" que constavam no almanaque eram praticamente todos relacionados a detalhes da vida da família imperial. E mesmo que não se tratasse de uma obra de história, é interessante ver como a ereção da estátua equestre de D. Pedro I foi considerada um evento relevante. De toda forma, um dado importante a respeito das linhas do tempo e das cronologias se explicita nesse exemplo: os dados a serem elencados não são óbvios, naturais ou evidentes. São frutos de escolhas, mais ou menos conscientes, mais ou menos objetivas, e se relacionam a uma visão de história e de passado. No caso do Almanaque Guimarães, prestava-se a devida reverência à família imperial, de quem, certamente, os negócios dos editores do almanaque dependiam.

3.3.5 RECORTES TEMPORAIS

O objetivo de uma periodização histórica é organizar, em um determinado recorte temporal, uma época ou eventos que teriam características em comum. Denominar um período histórico de *Brasil Colônia* ou *período colonial* sugere que, entre 1500 e 1822, características fundamentais da sociedade apresentariam certa homogeneidade e poderiam ser agrupadas sob um mesmo termo. Mas o que caracterizaria essa homogeneidade? Nesse caso específico, a condição colonial do Brasil, ou seja, uma característica política e econômica. Esse período pode ser subdividido em outros, como os econômicos "ciclo do pau-brasil" e "ciclo da mineração", mas, ainda assim, estariam sob a denominação principal – *colônia* – que ligaria ambos um ao outro.

Neste momento, cabe a pergunta: Como essas periodizações foram definidas?

Foi no Renascimento que surgiu o conceito de "Idade Média", por exemplo, para definir o tempo intermediário ("médio") entre os próprios renascentistas e a Antiguidade, que acreditavam reviver. A ideia de que existiria uma "pré-história" (um período anterior à história, portanto) deve-se, como já foi dito, aos metódicos, pois se a história só existe com base em documentos escritos, não teriam história aqueles povos sem escrita. Uma denominação claramente inadequada. No Brasil, é costume se dividir a história em antiga, medieval, moderna e contemporânea, seguindo-se um modelo criado na França. Nos Estados Unidos e na Inglaterra, por exemplo, a divisão é outra.

Esse modelo tradicional de periodização, aliás, mantém-se até os dias de hoje (inclusive em vários cursos superiores de História) por ter se cristalizado como padrão, principalmente, no ensino de História nas escolas e em livros didáticos. Trata-se de um modelo com o qual o sistema de ensino, os professores e os autores de materiais didáticos estão acostumados. Embora se saiba que ele esteja defasado, acredita-se que sua modificação traria mais problemas do que soluções.

É preciso estarmos atentos, porém, ao fato de que esses períodos foram definidos de forma bastante arbitrária. Boa parte deles foi sedimentada pela tradição e abarcam locais e épocas que, muitas vezes, não têm qualquer semelhança entre si. Além disso, as pessoas daqueles tempos não sabiam que viviam em certo período histórico. Nenhum europeu do século XII se achava medieval. Para ele, aquele era o presente, o seu "agora". O faraó Ramsés II, por exemplo, deixou uma inscrição na pirâmide de Quéops registrando sua presença naquele local venerável que, para ele, era dos antigos governantes. E, em relação a temporalidades, cabe lembrar que Cleópatra está mais próxima de nossos dias do que do momento da construção das pirâmides. Ainda assim, ambas estão colocadas sob o recorte "Antigo Egito" ou "História Antiga".

Até aqui, falamos dos problemas das periodizações, tendo em vista que elas são fundamentais para a história. O importante é compreender o porquê dos recortes temporais serem feitos, de que maneira devem ser realizados e como devem ser utilizados. O que deve ser evitado são as periodizações arbitrárias.

Nesse panorama, podemos definir que um recorte temporal adequado é aquele que reduz o objeto histórico de uma forma eficiente, que permita seu estudo. Uma redução exagerada acarretará uma simplificação que torna a análise inútil.

A física tem uma boa anedota: um fazendeiro teria pedido a um físico para que o auxiliasse a tornar suas vacas melhores produtoras de leite. O físico aceitou o desafio, foi a sua biblioteca e conseguiu pensar em uma resposta. "Você já sabe como tornar minhas vacas mais produtivas?" – perguntou o fazendeiro. "Sei, sim" – respondeu o físico – "O problema é que devemos considerar, inicialmente, vacas perfeitamente esféricas flutuando no vácuo".

O equivalente histórico das vacas esféricas são as simplificações temporais que homogeneízam um período de tal forma que ele se torna inútil para qualquer análise. Quando dizemos, por exemplo, que "o século XVIII foi iluminista", estamos fazendo diversas reduções inadequadas. Não foi o século XVIII inteiro, em todas as partes e de igual forma para todas as pessoas, que foi iluminista. Nem mesmo o Iluminismo foi uma coisa só, em toda parte.

A concepção de que cada período histórico tinha um espírito próprio, uma característica irredutível que era apenas sua, foi a origem da concepção do chamado *Zeitgeist* – do alemão "espírito do tempo". Surgido no século XVIII, o conceito tornou-se comum para historiadores do século XIX que defendiam que cada período histórico tinha sua própria essência, uma espécie de "gênio" da época, ou identidade fundamental, que seria única e irrepetível. Esse *Zeitgeist*, porém, não existe. Períodos históricos não estão em redomas, como se fossem separados de tudo o mais.

O inverso, isto é, considerar cada momento de um determinado período como singular, também é danoso, além de improdutivo. Dentro do mundo real, é óbvio que o ano de 1964 foi diferente, em vários aspectos, do ano de 1972. Porém, considerar que, por conta disso, os dois períodos não podem ser agrupados, no caso do Brasil, sob o recorte temporal "regime ditatorial" é encapsular cada evento

Antonio Fontoura

mínimo sem relação com os outros, fazendo com que qualquer análise se torne impossível.

Um adequado recorte temporal deve ser construído segundo seu objeto de estudo e em função das questões sobre ele que devem ser respondidas. Ele deve ser adotado de forma com que haja uma identidade de seu objeto do início ao fim do período, ao mesmo tempo que sejam percebidas as mudanças ou permanências que permitam a análise, efetivamente, histórica.

Você conhece o paradoxo do navio de Teseu?

O navio no qual Teseu partiu e regressou era uma galeota de trinta remos, que os atenienses guardaram até o tempo de Demétrio de Falero, retirando sempre as velhas peças de madeira, à medida que apodreciam, e colocando outras novas em seus lugares; de maneira que, depois, nas disputas dos Filósofos sobre as coisas que aumentam, a saber, se permanecem unas ou se fazem outras, essa galeota era sempre alegada com exemplo de dúvida, porque uns mantinham que era o mesmo barco [de Teseu], enquanto outros, ao contrário, sustentavam que não. (Plutarch, 1914, tradução nossa)

Enfim, o barco, após terem sido substituídas todas as peças originais, ainda era o mesmo que o original? Não temos a pretensão de solucionar esse paradoxo, apenas nos utilizamos dele para exemplificar a escolha de um recorte temporal. Sendo ou não o mesmo barco, há claramente uma identidade entre o barco que partiu com Teseu e aquele no qual ele retornou. Essa identidade justifica a utilização do recorte temporal "partida do barco – retorno do barco", se o mesmo fosse nosso objeto de estudo. Nesse período, teríamos condições, hipoteticamente, de identificar cada uma das mudanças realizadas no barco, sendo que ao final poderíamos construir uma história de como, e por quais razões, o barco foi se modificando no trajeto.

A escolha do recorte, portanto, parte da ideia de que o objeto de estudo tenha uma determinada identidade em certo período de tempo, mesmo que tenha se modificado (inclusive se essa mudança tenha sido profunda). Definido o recorte, é possível acompanhar, historicamente, de que modo esse objeto se altera tanto internamente, quanto em suas relações com o exterior.

Escolas históricas: a "Nova História"

A "Nova História" não é propriamente uma nova escola historiográfica, mas a expansão de certas concepções da escola dos Annales (seria sua terceira geração: sendo Febvre e Bloch representantes da primeira, e Braudel, da segunda).

Tornou-se famosa com a coleção publicada em 1974, dirigida por Jacques Le Goff e Pierre Nora, em que foram apresentados novos problemas (como a aculturação ou o retorno do evento), novas abordagens (como a demografia e a antropologia religiosa) e novos objetos para a história (como o clima, o livro, os corpos).

Com a Nova História, difundiram-se determinadas concepções teóricas, como o estudo das mentalidades, em que se procura compreender as maneiras pelas quais são organizados sentidos, valores e crenças compartilhados pelos membros de uma comunidade (no Capítulo 6, veremos um quadro que aborda com mais detalhes o conceito de **mentalidades**).

O uso de amplas séries documentais procurava reconstruir concepções mentais em longos intervalos de tempo. Os dados obtidos deveriam ser ligados a vários e diferentes elementos da sociedade, como a economia, as concepções religiosas, as visões políticas. É possível verificar, ainda, a influência da antropologia, com sua busca por compreender a própria lógica cultural de determinado passado, em que os diversos componentes sociais ligavam-se a aspectos simbólicos.

Outra concepção que se ampliou com a Nova História é a ideia da *história-problema*, pela qual se define que os documentos não apresentam verdades preestabelecidas, razão por que devem ser questionados por historiadores por meio de dúvidas colocadas em suas pesquisas. Não haveria, assim, qualquer naturalidade no conteúdo construído na história, mas sim a colocação de certas questões a serem analisadas e respondidas com base no corpo documental existente. Especial atenção era dada à pluralidade de mensagens possibilitadas pela leitura dos documentos.

A interdisciplinaridade tornou-se marca característica da Nova História. Isso possibilitou, por um lado, novas visões e abordagens e, por outro, a multiplicação de temas possíveis de serem analisados historicamente. Por vezes, inclusive, acusou-se os historiadores da Nova História de pulverizarem o campo histórico até a quase perda da sua identidade. É o que o historiador François Dosse denominou de *história em migalhas*.

De toda forma, historiadores como Jacques Le Goff, Le Roy Ladurie (1929-) e Georges Duby (1919-1996) tornaram-se não apenas muito conhecidos (inclusive no Brasil), mas também muito influentes, podendo difundir seus métodos e suas concepções a respeito dos estudos históricos.

Síntese

Vivemos em uma sociedade em que a precisão do tempo é tão importante que é fácil nos esquecermos de que cada cultura compreende o conceito de *tempo* com base em seus próprios referenciais. Há sociedades que consideram que o passado desempenha um papel mais importante na formação do presente e na construção do futuro. A ideia de tempo, portanto, tem sua própria história.

O conceito de tempo, além disso, é também importante ferramenta para os estudos históricos. Em primeiro lugar, porque todas as sociedades modificam-se ao longo do tempo – essa é a principal característica da história. Tão importante, aliás, que a atemporalidade é um erro histórico evidente, da mesma forma que o anacronismo, que é imputar a uma época as características de outra (entender o presente pelo passado, por exemplo).

O conceito de tempo também é importante porque historiadoras e historiadores trabalham com o chamado *tempo histórico* – maneiras pelas quais manipulam, por assim dizer, o tempo, por meio de recortes temporais, identificação de períodos específicos, análises que envolvem diferentes temporalidades (por exemplo, a curta, a média e a longa duração)–, buscando, assim, compreender melhor o passado.

O passado é uma continuidade, mas a história recorta períodos dele para melhor identificá-los e estudá-los. Esses recortes temporais são essenciais para qualquer análise histórica.

Atividades de autoavaliação

1. Analise as imagens da Figura 3.6. A seguir, assinale verdadeiro (V) ou falso (F) para as afirmações. Marque, por fim, a alternativa que apresenta a sequência correta:

Figura 3.6 – Tom Torlino, da etnia Navajo, em momentos distintos na Escola Indígena Carlisle, Estados Unidos, nos anos 1880

Carlisle Indian School Digital Resource Center – http://carlisleindian.dickinson.edu/

( ) Examinando as imagens, é possível realizar uma análise sincrônica que se refere à relação de Tom Torlino com a cultura escolar que passou a conhecer.
( ) As fotos revelam duas temporalidades diferentes: a visão tradicional da cultura navajo e a da cultura ocidental, marcada pelo tempo do relógio.

( ) A comparação entre as fotos revela determinadas mudanças, bem como permanências, na relação de Tom Torlino com seu corpo e sua identidade.
a) V, F, V.
b) V, V, F.
c) V, F, F.
d) F, F, V.

2. Assinale verdadeiro (V) ou falso (F) para as afirmações que seguem. Depois, marque a alternativa que apresenta a sequência correta:
( ) Nas sociedades pré-industriais europeias, o tempo do relógio marcava o início e o fim das atividades de trabalho.
( ) A maneira como sociedades tradicionais compreendem a passagem do tempo relaciona-se exclusivamente a questões religiosas, pois são associadas a determinadas concepções a respeito do funcionamento do dia e da noite.
( ) A ideia de um tempo controlado pelo relógio e pelo calendário, como ocorre no Brasil, está associada às mudanças provocadas pela Revolução Industrial.
a) F, F, V.
b) V, F, F.
c) V, F, V.
d) V, V, F.

3. Segundo Fernand Braudel, a história não apresenta uma única temporalidade, mas várias. O olhar da historiadora e do historiador pode ser reduzido ou ampliado, de modo a melhor compreender o evento estudado. Sobre esse tema, assinale a alternativa correta:

a) Segundo Braudel, os eventos políticos são os menos importantes para um historiador. Afinal, não influenciam de forma duradoura a história e são determinados por eventos de temporalidades mais amplas.

b) Ainda que tenha sido um projeto ambicioso, a concepção de múltiplas temporalidades de Braudel foi um projeto abandonado pelos historiadores. Atualmente, considera-se apenas o tempo do contexto social como o mais relevante às análises.

c) A escola metódica compreendia a história com base em uma única temporalidade, qual seja, da estrutura, por meio da qual os eventos políticos são determinados e analisados.

d) A curta duração dominava a análise braudeliana. Em *O mediterrâneo*, o autor argumenta que é nesse tempo curto que efetivamente ocorrem rupturas, revoluções, mudanças e permanências, necessárias à mudança histórica.

4. A respeito dos possíveis problemas que podem surgir na história em relação ao trabalho com a noção de tempo, assinale a afirmativa correta:

a) Considerando-se que cada cultura tem a sua própria noção de temporalidade, não cabe ao historiador impor seu método de datação a comunidades que não se utilizam do tempo do calendário.

b) Os estudos diacrônicos procuram compreender a história com base em uma análise de seu contexto, como se o tempo recortado estivesse parado ou quase parado.

c) Julgar um período histórico baseando-se nos valores existentes em outro é uma das formas de anacronismo.

d) Atualmente, não se considera a perfeita datação como necessária aos estudos históricos. O importante é que sejam realizadas as análises corretas, independentemente da identificação de quando o evento ocorreu.

5. Sobre os recortes temporais na história, é correto afirmar:
   a) A utilização do recurso ao recorte temporal é opcional nos estudos históricos, embora seja recomendado como recurso retórico, afinal, auxilia as explicações na história.
   b) O recorte temporal reduz o evento a ser estudado em momentos inicias e finais adequadamente definidos, relacionados ao objeto da pesquisa e às questões a serem resolvidas.
   c) Toda pesquisa biográfica deve, necessariamente, ter como recorte temporal as datas de nascimento e morte do biografado.
   d) O recurso ao recorte temporal é exclusivo da história e inexistente em outras ciências. Essa é, aliás, uma das especificidades dos estudos históricos em comparação, por exemplo, com o método das ciências naturais.

Atividades de aprendizagem

Questões para reflexão

1. Um dos riscos associados aos recortes temporais está em criar a ideia de que um determinado período apresenta características especiais, que o diferencia de todos os demais. O período é, então, isolado, como se não apresentasse qualquer continuidade com o que o antecedeu. Procure na internet uma reprodução da obra *A duração apunhalada,* do artista francês

René Magritte. Com base na análise da imagem, discuta: De que maneira o tempo parado é representado na obra? Que relações você pode estabelecer com a ideia de um recorte temporal fixo? Que problemas a obra de Magritte sugere em relação à paralização teórica do tempo, como as realizadas pelos historiadores?

2. Nas atividades do Capítulo 1, foi solicitado que você analisasse um documento histórico com base em um roteiro preestabelecido. Baseando-se naquela análise, responda: De que maneira você poderia encaixar o documento temporalmente? Procure relacioná-lo a outros eventos do período. Por fim, justifique a escolha dos períodos inicial e final de seu recorte com base na forma como você analisou o seu documento.

Atividade aplicada: prática

Construa uma linha do tempo da sua própria vida. Procure, no momento da elaboração, definir os critérios por meio dos quais os eventos serão adicionados, quais serão os escolhidos e quais os ignorados. Observe as definições com base nas quais você escolherá os eventos de sua vida que aparecerão nessa linha do tempo.

Capítulo 4
Memória e história

A memória se relaciona à história de várias maneiras. Para este momento de nosso estudo, podemos considerar as seguintes formas de compreender a memória:

- **Individualmente:** A memória, ainda que seja uma função biológica, é influenciada pela sociedade. Os fatos tendem a se adequar às convenções sociais existentes no momento em que lembramos deles.
- **Socialmente:** Pode-se falar de uma *memória social*, que é construída ou rejeitada e pela qual se luta. O que uma sociedade escolhe lembrar e esquecer reflete concepções culturais e disputas pelo poder.
- **Como ferramenta para os estudos históricos:** Funciona como fonte, particularmente utilizada pela história oral.

Essas três formas de compreender a memória se relacionam entre si e são a base para os conhecimentos que debateremos neste capítulo.

(4.1)
Memória individual, sociedade e história

O neurologista britânico Oliver Sacks descreve o caso de um de seus pacientes, chamado William Thompson, que sofria de síndrome de Korsakoff, responsável por comprometer a chamada memória de curto prazo. Em casos como esse, a pessoa esquece, em poucos segundos, o que acabou de vivenciar.

William Thompson tornou a esfregar as mãos, no seu gesto de vendedor de mercearia, e procurou o balcão. Não o encontrando, ele me olhou novamente, confuso.

"Onde estou?", ele perguntou com uma súbita expressão assustada. "Pensei que estivesse em minha loja, doutor. Minha mente deve ter divagado [...]. O senhor quer que eu tire a camisa, para me examinar como de costume?"
"Não, não como de costume. Eu não sou o seu médico de costume."
"De fato, não é. Percebi de imediato! [...] será que fiquei maluco, com parafuso solto?" "Não, senhor Thompson. [...] Só um pequeno problema em sua memória – dificuldade para lembrar e reconhecer pessoas."
"Minha memória tem me pregado algumas peças", ele admitiu. [...] "O que vai querer hoje – queijo ou presunto virgínia?"
[...]
Como o sr. Thompson vivencia isso? [...] Pois ali está um homem que, em certo sentido, está desesperado, em frenesi. O mundo está sempre desaparecendo, perdendo sentido, sumindo – e ele precisa procurar sentido, criar sentido, de um modo desesperado, continuamente inventando, jogando pontes de sentido sobre abismos de falta de sentido, o caos que se escancara continuamente sob ele. [...]
Um paciente desses precisa praticamente inventar a si mesmo (e a seu mundo) a cada momento. (Sacks, 1985, p. 126-128)

A memória é parte fundamental de nossa existência, como nos mostra o trágico exemplo do sr. Thompson. É a memória que permite lembrarmo-nos de nós mesmos, de nossa história, de nossos parentes e amigos, de nosso papel no mundo; localizarmo-nos no tempo e no espaço; sabermos o que somos e o que estamos fazendo. Acessamos continuamente nossa memória em busca da necessária construção de sentidos para o presente. Podemos observar, inclusive, que parte fundamental da nossa identidade depende de nossa memória. Repare: é por meio dela que sabemos quem nos rodeia porque reconhecemos as pessoas (daí, aliás, a tragédia do mal de Alzheimer). Além isso, só identificamos objetos porque os reconhecemos, só sabemos nos comportar em situações porque as reconhecemos. Ao mesmo tempo, a realidade que experimentamos, as pessoas que encontramos, as situações que vivenciamos têm origens, narrativas, passados. Nessa perspectiva, o sr. Thompson, incapaz de armazenar novas lembranças, via-se obrigado a viver em novos e fugazes presentes, que não se ligavam às suas memórias anteriores. A narrativa sobre sua vida, bem como a de sua identidade – o qual fora destruído no sr. Thompson – estava, assim, comprometida.

A memória é um processo biológico – o qual fora destruído no sr. Thompson –, sem dúvida. Porém, além disso, é também um fenômeno social. O sociólogo francês Maurice Halbwachs (1877-1945) foi o primeiro pesquisador a demonstrar que a memória individual seleciona e registra, e também interpreta e distorce os dados que testemunha com base no contexto social em que a pessoa está inserida. Por exemplo, se vamos a Londres pela primeira vez, podemos ler a cidade baseados na memória que já temos de leituras que fizemos de Charles Dickens, ou pela comparação com a arquitetura de locais que já visitamos, ou pela própria história da Inglaterra que conhecemos (Halbwachs, 2006). A memória, portanto, não representa fielmente a realidade. As lembranças, algo que parecem tão pessoais e íntimas, relacionam-se a contextos sociais já dados e, até mesmo, moldam-se para corresponder aos valores e às expectativas de um grupo e de uma sociedade.

A ideia de que a memória funciona como esquema para leitura da realidade pode ser melhor visualizada se compararmos as representações presentes na Figura 4.1. Nela, um mesmo animal – um elefante – é pintado de forma totalmente diferente por um artista europeu do século XV (esquerda) e um japonês do século XIX (direita). E ambos, por sua vez, produzem representações bem diferentes daquelas que conhecemos como sendo de um elefante "de verdade".

Figura 4.1 – Diferentes representações de um elefante (séculos XV e XIX)

a)

ELEASAR and the Elephant: Detalhe inferior, p 45 anverso. In: Speculum Humanae Salvationis. ca. 1360. Iluminura: color.; 36,8 × 20,8 cm. Darmstadt, Hessische Landesbibliothek.

b)

ITCHŌ, H. **Blind Monks Examining an Elephant**. 1888. Xilogravura: color. Library of Congress Prints and Photographs Division Washington, D.C.

Não há como saber se o artista do século XV havia visto, em algum momento de sua vida, um elefante. Independentemente disso, podemos perceber que ele se utilizou da própria memória – descrições ou representações de elefantes, com as quais, em algum momento, entrou em contato – para criar seu próprio desenho. O mesmo vale para o artista japonês: também ele utilizou-se do que sabia a respeito de *elefante* e da maneira de representá-lo para criar sua própria versão.

Essas imagens não significam que os artistas não conheciam elefantes, tivessem problemas de visão ou eram pouco hábeis em seu ofício. O artista do século XV não parece ter tido qualquer dificuldade em representar pessoas, por exemplo. O que deve ser notado, aqui, é como a realidade foi moldada para que pudesse se encaixar nos esquemas prontos aprendidos pelos artistas. Essa comparação nos permite concluir, como o fez Maurice Halbwachs, que tudo o que vimos, aprendemos, treinamos, conhecemos, não é algo passivo: ao contrário, participa ativamente da forma como lemos o mundo.

Souvenirs, cartões postais, e mesmo as atuais *selfies* demonstram um aspecto específico da relação entre a memória individual e a memória coletiva. Desejamos manter uma prova duradoura de certas experiências, além de compartilhar nossa memória com outros, por exemplo, por meio das redes sociais. Se a memória é a representação de algo que está ausente, é por meio de rastros e vestígios que se comprova a existência dos eventos que são rememorados.

A memória nas sociedades orais, por exemplo, exerce um papel diferente em comparação ao das sociedades com escrita. Naquelas, a memória recupera e reaviva a identidade do grupo (por meio dos mitos de origem, por exemplo), estabelece uma conexão e reverência a antepassados, constrói genealogias fundamentais para a ordem social, além de ser a maneira pela qual as práticas e as técnicas são armazenadas e retransmitidas. É muito comum nas sociedades orais existirem pessoas responsáveis por guardar e transmitir a memória do grupo. Na Grécia arcaica existia o *mnemon*, cuja função era, efetivamente, lembrar: suas memórias seriam utilizadas para questões relacionadas à justiça.

Outro ponto importante é que o desenvolvimento da imprensa modificou as relações que as sociedades estabelecem com sua memória e seus usos. A memória, outrora maleável, passou a ser registrada e, assim, fixada, além de divulgada. Novas pessoas, em diferentes locais e grupos sociais, passaram a ter acesso a memórias até então circunscritas a certos grupos. Ao mesmo tempo, o registro passou a permitir a difusão mais rápida do conhecimento, e novas descobertas tornaram-se mais rapidamente registradas e divulgadas, impactando o conhecimento científico. Além disso, o conteúdo de conhecimento que, em sociedades orais, era possível de ser individualmente memorizado, passou a extrapolar de forma notável a capacidade humana de memorização.

4.1.1 Memória e justiça

Provavelmente, o primeiro genocídio do século XX tenha sido o dos armênios, ocorrido durante a Primeira Guerra Mundial e perpetrado pelo Império Otomano. Pelo menos milhares de pessoas da minoria armênia foram mortas por meio de massacres, de trabalhos forçados e de fome. Especialmente importante é o fato de a Turquia, que sucedeu o Império Otomano, negar-se a reconhecer a existência desse genocídio. Cerca de 30 países, na atualidade, consideram oficialmente a sua ocorrência, e historiadoras e historiadores, não apenas armênios, têm buscado resgatar as memórias do episódio, sob protestos do governo da Turquia. Quando o Senado Federal do Brasil, em 2015, emitiu um voto de solidariedade aos armênios, o governo turco afirmou, segundo o *site* de notícias G1 (Turquia..., 2015), que o documento brasileiro "distorce as verdades históricas e ignora a lei", considerando a atitude do Senado brasileiro "um exemplo de irresponsabilidade".

O que ocorre com o genocídio armênio é uma disputa pela memória desse evento, com a luta pela lembrança, por um lado, e pelo esquecimento, por outro. Nesse embate, a história é chamada a se posicionar, à maneira de Leopold Von Ranke (ver seção 1.1.4), para contar "o que realmente aconteceu". Memória e história produzem, ainda, ações similares à da justiça, pois o reconhecimento oficial de um crime da proporção de um genocídio traz consequências como punição àqueles que o perpetraram, compensação às vítimas ou aos seus descendentes e reescrita de materiais educacionais.

Essa relação entre memória, história e justiça tomou importância particular no Brasil nos últimos anos por conta da instauração, pelo Governo Federal, da chamada *Comissão Nacional da Verdade* (CNV), que teria como objetivo investigar os crimes cometidos pelo Estado brasileiro contra seus cidadãos, especialmente durante o período da ditadura civil-militar. O relatório final, traz em sua apresentação, que a CNV

> empenhou-se [...] em examinar e esclarecer o quadro de graves violações de direitos humanos praticadas entre 1946 e 1988, a fim de efetivar o direito à memória e à verdade histórica e promover a reconciliação nacional. (Brasil, 2015, p. 15)

A memória é apresentada como ligada à verdade histórica e ambas são direitos que, naquele momento, a CNV buscava efetivar para "promover a reconciliação nacional", ou seja, segundo o documento, a nação brasileira estaria dividida justamente por causa da dificuldade de acesso da sociedade à realidade dos fatos relacionados aos direitos humanos ocorridos durante o período analisado.

Não restam dúvidas sobre o direito da sociedade brasileira de conhecer os eventos de violência perpetrados pelo Estado. E, na verdade, a CNV ainda deixou muitos casos a serem solucionados e analisados por historiadores. O genocídio armênio e as torturas e os assassinatos de opositores do regime ditatorial no Brasil têm em comum o fato de passarem, em determinado momento, por processos de esquecimento ou de apagamento.

Especialmente a partir da ascensão do totalitarismo, governos têm se preocupado em defender memórias que consideram adequadas e censurar aquelas que são embaraçosas e indesejadas a suas visões e a seus objetivos políticos. Como aparece no livro *1984*, em que o romancista inglês George Orwell descreve uma sociedade autoritária submetida a estritos controle e vigilância: "quem controla o passado, controla o futuro. Quem controla o presente, controla o passado" (Orwell, 2005, p. 236).

Contra o processo de apagamento, o resgate da memória tornou-se um motivo legítimo de lutas ligadas ao reconhecimento do sofrimento das vítimas. Das quase 30 comissões que trabalharam em conjunto com a CNV, 12 delas tinham o termo *memória* em seus nomes. Aliás, já em um relatório publicado em 1985, em que se denunciavam os crimes da ditadura, o texto rogava para não ocorrer "a repetição dos fatos aqui relatados, no Brasil, nunca mais" (Projeto Brasil Nunca Mais, 1985, p. 3), revelando a intenção, portanto, de que aqueles crimes fossem mantidos na memória.

A questão de se direcionar o olhar a determinados grupos sociais e a seu sofrimento, esquecido ou ignorado, foi uma questão trazida também por historiadores ligados ao pensamento marxista. Baseados na concepção de história como uma luta de classes, determinados pensadores marxistas criaram uma divisão da história entre vencedores (as classes dominantes) e vencidos (as classes subalternas). Influente filósofo marxista, o alemão Walter Benjamin (1892-1940) se perguntava:

> *com quem, afinal, propriamente o historiador do historicismo se identifica efetivamente? A resposta é inegavelmente: com o vencedor. [...] Todo aquele que, até hoje, obteve a vitória, marcha junto no cortejo de triunfo que conduz os dominantes de hoje [a marcharem] por cima dos que, hoje, jazem por terra.* (Benjamin, 1940, citado por Löwy, 2005, p. 70)

Para Benjamin (1840, citado por Löwy, 2005), enquanto o historiador do historicismo se identificaria com o vencedor – pois escrevia a história dos vencedores das batalhas, dos reis no poder, dos grupos sociais dominantes –, o historiador do materialismo histórico, marxista, deveria escrever a história dos vencidos: dos trabalhadores, dos escravizados, dos servos.

Benjamim conclama os historiadores a fazer justiça com as próprias fontes e a denunciar aqueles que participavam do "cortejo de triunfo" de sua vitória social (afinal, estes tornaram-se a classe dominante), além de recuperar a memória dos que "jazem por terra" (a classe dominada). Seria função do historiador, afirmava Benjamin (1986, p. 224-225) em outro momento, "despertar no passado as centelhas da esperança", contra um "inimigo [que] não tem cessado de vencer".

A utilização da memória e sua aproximação com a justiça, buscando a história como fiel da balança em direção à verdade, tem importantes consequências teóricas. Acompanhe: se a história, como vimos, não pode recuperar todo o passado, também não o pode a memória, seja ela individual (o que você almoçou em 18 de dezembro passado?), seja coletiva. Portanto, a memória é sempre seletiva.

Historicamente, podem ser encontrados incontáveis exemplos de usos da memória como ferramenta do totalitarismo: de fato, nazistas e fascistas faziam da rememoração uma importante propaganda de seus regimes. Além disso, é comum o Japão ainda hoje aceitar o papel de vítima dos ataques em Hiroshima e Nagasaki, mas ser reticente quanto a admitir responsabilidade nos crimes cometidos no massacre de Nanquim, na China. Israel mantém eventos e monumentos dedicado ao Holocausto, cujas lembranças parecem não afetar as ações políticas e militares em relação à Palestina. Dessa forma, a memória, ou o ato de lembrar, não é algo bom em si. Lembrar-se é uma coisa, usar as lembranças é outra. A memória pode ser utilizada em benefício da liberdade ou para a supressão desta. Diante disso, como definir o que é algo digno a se manter na memória? Como definir a memória que, como disse a CNV, aproxima-se da verdade histórica e promove uma reconciliação nacional?

O fato é que a história deve buscar o maior rigor possível com base nas fontes, abrir-se à crítica e não temer a busca pela objetividade. Também não pode negar que houve perversidades, explorações, aniquilações e injustiças. Trata-se de situações irremediáveis, algumas delas esquecidas. As cinzas dos mortos no Holocausto eram lançadas em rios e as câmaras de gás implodidas como desejo de apagamento da memória. Nessa mesma perspectiva, durante muitos anos, as mulheres pareciam não ter história. Tudo isso deve ser estudado e aprofundado.

Porém, o passado é plural. São múltiplas as versões, os problemas, as dificuldades. Não existe "a verdade" a ser encontrada no passado, mas contradições. Daí vem a dificuldade em associar, facilmente, a história com a memória (o que deve ser lembrado) e a verdade (de quem? Para quem?).

O historiador búlgaro-francês Tzvetan Todorov (1939-) destaca os problemas da relação entre a história e a moral, ou a história e a justiça, com base na memória.

É importante perceber que, atualmente, quando ouvimos apelo à "obrigação da memória" ou "contra o esquecimento", a maior parte do tempo não é uma tarefa de recuperar a memória o que nos pedem [...], mas a defesa de uma seleção particular entre aqueles fatos, que assegura aos protagonistas a manutenção dos papéis de herói ou vítima quando confrontados com qualquer outra seleção que pode lhes atribuir papéis menos gloriosos.
(Todorov, 2001, p. 21, tradução nossa)

Então, fazer história à maneira de Benjamin é uma escolha; é definir quem é vencido e, portanto, digno de benesses; quem foi o vencedor e, portanto, merecedor do escárnio. E, com base nesse gabarito maniqueísta, ler a realidade, julgando quem merece ou não o selo histórico de "herói" ou "vilão".

(4.2)
A MEMÓRIA SOCIAL: CRIAÇÃO, MODIFICAÇÃO, APAGAMENTO

Observe o que o historiador britânico Eric Hobsbawm (1917-2012) diz sobre a memória:

> *A destruição do passado [...] é um dos fenômenos mais característicos e lúgubres do final do século XX. Quase todos os jovens de hoje crescem numa espécie de presente contínuo, sem qualquer relação orgânica com o passado público da época em que vivem. Por isso os historiadores, cujo ofício é lembrar o que outros esquecem, tornam-se mais importantes que nunca no fim do segundo milênio.* (Hobsbawm, 1995, p. 13)

De que memória o historiador está falando? Certamente, não da individual, pois, mesmo em sociedades com escrita, como a nossa, as pessoas parecem usar a memória tanto quanto naquelas sociedades sem escrita. Trata-se da memória social, sem dúvida; mais especificamente, da memória histórica.

O que Hobsbawm critica é o suposto enfraquecimento, quando não o desaparecimento, da percepção que as pessoas teriam de como o passado influenciaria o presente. O texto de Hobsbawm foi escrito na última década do século XX, mas poderia retratar os dias de hoje, pois refere-se ao fato de que as pessoas nas sociedades industriais e urbanas parecem viver em um eterno presente. É óbvio que lhes é ensinado o que aconteceu no passado, inclusive porque História é uma disciplina escolar. Mas o que não parece mais existir, em sua visão, é a noção de que o passado não apenas foi real, mas persiste em nós, cerca-nos e participa da construção do presente. Por essa razão, as pessoas viveriam num permanente hoje, num eterno agora, em que o importante é aproveitar o momento; esse é um sentimento bastante explorado pela publicidade – aliás, em que viver é apresentado como sinônimo de sentir o maior número de experiências emocionantes e, dentre elas, consumir.

Além da publicidade, outro indício da vida voltada ao presente perpétuo seria a decadência da influência das tradições na sociedade. Os valores de grupo perdem espaço justamente porque o sentimento de individualidade se fortalece. Perde-se também, com isso, certa relação com o passado.

Toda memória social está sujeita a mudanças. Seu significado, sua importância e mesmo sua função variam conforme a época histórica e a sociedade: o que deve ser lembrado, por quem, quando e sob que circunstâncias são características sociais e, portanto, mutáveis. Sociedades como a chinesa concedem grande importância à sua história, o que não ocorre com outras, como a indiana. O que realmente se lembra e se esquece relaciona-se, ainda, com determinadas visões de mundo e de poder. A seguir, discutiremos maneiras pelas quais as memórias sociais podem ser gerenciadas e direcionadas a determinados fins.

4.2.1 Construindo memórias

No interior de algumas cavernas da Eslovênia vive um pequeno e raro besouro cego, com poucos atrativos em si, mas, ainda assim, objeto de coleção. Curiosamente, ele não é colecionado necessariamente por entomólogos, porque pode ser tomado como símbolo de um amplo processo de apagamento da memória e reescrita da história, desde o fim da Segunda Guerra Mundial. O besouro não tem um nome popular, sendo referido apenas por seu nome científico.

Trata-se do *Anophthalmus hitleri*: um dos últimos elementos, naturais ou não, que ainda sobrevivem à denominação feita em homenagem a Adolf Hitler, tão comum quando era vivo. Foi descoberto em 1933 pelo colecionador alemão Oscar Scheibel, que o nomeou em homenagem ao Führer que subia ao poder na Alemanha.

Figura 4.2 – Soldado americano substituindo a placa de uma rua na Alemanha ocupada ao final da Segunda Guerra

Atualmente, nada parece ter sobrado das inúmeras ruas ou praças chamadas, respectivamente, de *Adolf Hitler Strasse* ou *Adolf Hitler Platz*, que outrora apareciam em grande quantidade na Europa. Trata-se do processo de imposição de uma determinada história que se iniciou logo a seguir à vitória aliada. Os próprios soldados americanos foram fotografados na Alemanha substituindo placas locais por nomes de políticos estadunidenses (Figura 4.2).

O controle de memórias tem funcionado, historicamente, para sublinhar determinadas identidades de grupo, reforçar sua coesão, além de justificar e legitimar posições de autoridade. Instituições e movimentos usam o controle da memória como estratégia para legitimar determinada posição de poder.

Os Estados nacionais se utilizaram, e ainda se utilizam, da construção e do apagamento de memórias, da criação de heróis e da divulgação de narrativas como formas de legitimar seu poder, estabelecer uma suposta continuidade com o passado e construir um sentido de comunidade na população. Ainda que esse processo de controle da memória seja encontrado em vários momentos da história, trata-se de um movimento que se fortaleceu com a constituição dos Estados nacionais e da sua necessidade de criar um sentimento de nacionalidade que se associasse às suas fronteiras políticas. Determinados eventos acabaram por se tornar parte da narrativa de um país. Algumas dessas narrativas têm curta existência, mas outras perdurarão indefinidamente.

O final do século XIX foi, segundo Eric Hobsbawm (1895), um período de *invenção de tradições*. Ritos supostamente antigos, memórias presumivelmente ancestrais, formas de ser e fazer que seriam próprias de determinado povo foram inventados. Em outras palavras, faziam-se referências a certos passados que podiam nem ser tão antigos ou podiam não ter existido. Vemos, então, a constituição de um passado que seria compartilhado (o "nosso" passado) e que serviria para a construção de certa antiguidade legitimidora da tradição e do costume. Desse modo, por meio da repetição, criava-se uma memória que poderia construir a coesão dos membros do grupo e daria um sentido aos acontecimentos, bem como permitiria às pessoas socializarem em direção a certos sistemas de valores e de comportamento. Um determinado passado, escolhido cuidadosamente, é, assim, ligado ao presente e faria parte de certa identidade (Hobsbawm; Ranger, 1990). Esse processo ocorreu também no Brasil. Institutos de história (o Instituto Histórico e Geográfico do Brasil é de 1838) construíram narrativas, celebraram determinadas genealogias – como a França, que descenderia dos gauleses, ou os paraguaios, dos índios guaranis –, elegeram os heróis e determinaram os vilões que seriam ensinados nas escolas, perpetuados nos livros didáticos e celebrados em datas comemorativas ou monumentos.

Foi também – e não casualmente – o momento de construção de grandes museus que organizam as histórias nacionais, de arquivos públicos especializados na guarda de documentos (agora, não mais sob o poder de particulares) e da inauguração de grandes bibliotecas públicas. Aconteceu um investimento de recursos e de ações políticas em torno da construção de uma nacionalidade que é, principalmente, o estabelecimento de uma memória que se transforma em narrativa. Foi o momento do estabelecimento dos hinos, das discussões em torno dos desenhos das bandeiras. Se o Estado já estava fortalecido, como era o caso próprio do Brasil, criavam-se as memórias do que seria a nação.

O historiador brasileiro Francisco Adolfo de Varnhagen (1816-1878) dizia, sobre Vicente da Silva da Fonseca, que, no século XVIII, este foi derrotado em batalha e perdeu a Colônia de Sacramento após ter cometido *a covardia de entregar ao inimigo a praça que jurara ao rei defender até a última extremidade. À sua memória se associará pois para sempre nos nossos anais um dos exemplos mais frisantes da desonra militar e do perjúrio; e qualquer expressão de caridade por ela neste lugar fora repreensível e antipatriótica.* (Varnhagen, 1877b, p. 934)

Varnhagen, como bom historiador do século XIX, estava preocupado com a história política e com as batalhas, das quais procurava identificar quem foram os heróis ou os vilões. Para estes últimos, sua memória deveria ser desprezada "na província, no Brasil e no Universo" (Varnhagen, 1877b, p. 780).

Esse modelo de história ajustava-se ao desejo de criação de uma memória do Estado-nação, tão bem explícita nos monumentos aos heróis nacionais dispersos pelo país. A relação entre memória e história não impedia que Varnhagen compreendesse seu próprio trabalho como científico, neutro e objetivo: "a verdade é a alma da história", dizia ele, complementando que "só ela pode oferecer harmonia eterna entre os fatos narrados" (Varnhagen, 1877a, p. X).

Outro exemplo do uso da memória (ou do apagamento dela) para construir a história de um país foi o Estado soviético, especialmente sob o governo de Stalin, que agiu ativamente para escrever e reescrever sua história, eliminando de suas narrativas personagens e eventos vistos como indesejáveis. Eram os expurgos da história. O caso mais conhecido é o de Leon Trotsky, importante personagem do início da União Soviética, que acabou deportado após perder, para Stalin, uma disputa interna pelo poder. Foi declarado "inimigo do povo" e suas imagens retiradas de fotos históricas (Figura 4.3), em uma tentativa de apagá-lo da memória. Trotsky acabou sendo assassinado anos depois.

Antonio Fontoura

Figura 4.3 – Trotsky apagado de fotografia

Granger/Imageplus

São pessoas, motivos e contextos completamente diferentes. Mas não se pode negar que Varnhagen e Stalin se aproximam ao julgarem quem deve e quem não deve ter sua memória exaltada ou vilificada. Também Trotsky deveria ter sua memória desprezada "no Universo".

Esses exemplos demonstram o quanto a memória social e a história estão próximas. Personagens e eventos históricos passam a nomear monumentos, praças e prédios públicos. Em momentos como esses, a memória se torna também história. Assim, heróis e vilões são estudados nas escolas e suas ações solidificam a narrativa de construção das nações. Há profissionais que decidem, como Varnhagen fazia, sobre os homens valorosos e os covardes, os dignos de memória e os destinados ao esquecimento.

De fato, a instituição de uma memória parte de certa concepção de *sociedade* e de *cidadão*: os eventos comemorados e as pessoas representadas servem como modelo do presente para a construção do futuro, e todos devem se espelhar nesse modelo. A construção da memória de Tiradentes é exemplar nesse aspecto. De membro de uma conspiração que visava atingir objetivos locais, sua memória foi alçada a de maior herói da história do Brasil, símbolo de patriotismo e destacado por valores morais; não é à toa que, nas representações imagéticas, Tiradentes é representado de forma semelhante a Jesus Cristo. As datas comemorativas, por sua vez, atuam como rituais em que se reencena o passado e se celebra o seu papel na construção do presente. Antigos e novos feriados participam, assim, da criação de novas memórias.

O primeiro objetivo das memórias é o de criar um sentimento de comunidade e de diferenciação. O segundo é a construção de uma continuidade entre um passado considerado desejável e o presente. Fatos e personagens são rememorados para destacar que se viveria, na atualidade, sob determinada herança a ser honrada. É nesse sentido que foi construída, no Brasil, a narrativa de um país com uma escravidão branda e com uma convivência harmoniosa entre os senhores de engenho (e suas famílias) e os escravizados, que teria levado à construção de uma democracia racial; ou, que o Brasil é o "país do futuro".

Antonio Fontoura

4.2.2 Monumentos

O que leva um governo a construir determinado monumento? A resposta simples é que, sendo usualmente uma homenagem, o monumento visa perpetuar a memória de uma pessoa ou evento. Construí-lo, porém, exige recursos públicos, trabalhadores especializados, projeto a ser aprovado e tempo para finalizá-lo. Trata-se de um empreendimento, portanto, que deve ser planejado.

E aqui nós alcançamos a relação entre os monumentos e a criação de memórias: Quem decide que determinado monumento deve ser criado? Quem escolhe, entre a multidão de fatos e personagens do passado, quais devem ser perpetuados em pedra ou bronze? Além disso, um monumento é, também, uma mensagem – O que ela diz? Para quem é dirigida? Quais as intenções de quem a elabora?

Os monumentos são criados, portanto, com base em certos objetivos e interesses. Determinadas memórias são escolhidas para serem monumentalizadas – que cidade não tem uma rua ou praça chamada *Tiradentes*, *Quinze de Novembro*, *Sete de Setembro*? Outras podem ser esquecidas, modificadas, abandonadas ou criadas.

A historiadora brasileira Adriane Piovezan exemplifica as múltiplas manipulações e intenções da memória ao analisar o monumento Mausoléu dos mortos, criado para homenagear os mortos da chamada *Intentona Comunista* de 1935. Chamamos a atenção para o fato de que o monumento foi criado em 1968, mais de 30 anos após o evento original, encomendado pelas Forças Armadas.

Usado como local de memória, o novo monumento serviria para associar o regime militar, que estava então no poder, com os mortos na Intentona Comunista, criando assim uma relação entre os dois momentos históricos. O objetivo dessa ligação era clara: mostrar que o exército brasileiro tinha uma história de lutas contra a ameaça comunista. Além disso, mostrava que, assim como ocorrera em 1935, as novas ameaças aos militares seriam combatidas.

Essa ligação entre os dois momentos históricos era reforçada por celebrações, rituais e discursos diante do monumento fartamente divulgados em jornais. Quando, em 1978, o então presidente Ernesto Geisel foi prestar suas homenagens diante do monumento, o jornal *O Globo* publicou manchetes como: "General garante que nova intentona será repudiada", "Comunismo não consegue entrar no Brasil" e "Em 1935 decididos pela liberdade" (Piovezan, 2014, p. 277). Criava-se, portanto, com o apelo do monumento, uma determinada memória que relacionava dois eventos históricos, visando a uma específica interpretação.

Atualmente, o mesmo monumento reflete um percurso contrário: o apagamento da memória. A rejeição ao regime militar levou o monumento ao esquecimento. Se, até os anos 1990, o local recebia importantes rememorações relativas à Intentona Comunista, inclusive com eventuais participações de Presidentes da República, atualmente ele está abandonado (Piovezan, 2014). Trata-se de um monumento que, ainda que evoque certa memória, não encontra ressonância naqueles que o observam.

4.2.3 MEMÓRIAS EM DISPUTA

Memórias podem ser valorizadas, criadas, esquecidas e, também, disputadas. Em 1922, o pintor Oscar Pereira da Silva registrou o momento do desembarque de Pedro Álvares Cabral em Porto Seguro, apresentado na Figura 4.4. O detalhe da pintura mostra Cabral aproximando-se de indígenas que parecem assustados. Trata-se da representação visual de determinada memória: os europeus trazendo a civilização, o que marcava o início do que seria a história do país, em uma pintura concluída no ano em que se celebrava o primeiro centenário da independência política do Brasil. A questão não é o evento em si, mas o que ele evoca em relação a uma compreensão mais ampla de ideia sobre o passado, da identidade, da civilização.

Figura 4.4 – Distintas visões sobre o desembarque de Cabral

SILVA, O. P. da. **Desembarque de Pedro Álvares Cabral em Porto Seguro, 1500.** 1922. 1 óleo sobre tela: color.; 190 × 333 cm. Museu Paulista da Universidade de São Paulo.

No ano 2000, debates a respeito da colonização portuguesa questionavam a antiga narrativa do colonizador que trazia a civilização. Com base em outro ponto de vista, defendia-se o direito a novas memórias. Dentre elas, a da população indígena, que via o mesmo episódio sob a ótica da aculturação, da violência física, da dominação pela força. A charge do cartunista Laerte (Figura 4.4) reflete o desejo de construção de uma nova memória, a dos indígenas autodeterminados, que não veem como superior, ou digna de espanto, a cultura dos recém-chegados.

(4.3)
A MEMÓRIA COMO FERRAMENTA HISTÓRICA

Além do fato de ser uma construção social, a memória importa porque pode ser utilizada como fonte histórica. Em outras palavras, historiadoras e historiadores muitas vezes se baseiam na memória de outros para construir seus estudos. Memórias, como a de Primo Levi (1919-1987), sobrevivente do campo de extermínio de Auschwitz, são significativas pelo que ele presenciou e narrou. Levi afirma, no início de suas memórias: "A necessidade de contar 'aos outros', de tornar 'os outros' participantes, alcançou entre nós, antes e depois da libertação, caráter de impulso imediato e violento [...]. Acho desnecessário acrescentar que nenhum dos episódios foi fruto de imaginação" (Levi, 1988, p. 7-8).

Muitas memórias são registradas, como as de Levi, mediante um desejo, ou mesmo uma necessidade, de divulgar eventos do passado considerados fundamentais, que teriam realmente acontecido. Nesse momento, memória e história se aproximam ao ponto de quase se confundirem. De mero documento, como tantos outros, o testemunho de Levi tornou-se um registro do passado que se aproxima do próprio trabalho histórico. Isso acontece de tal forma que se pode, mesmo, perguntar: Não seria a história uma versão social da memória individual? Não estaria a história para as sociedades, da mesma forma que a memória para os indivíduos? Para Francis Bacon, na passagem para o século XVII, era exatamente isso que ocorria: "as partes da aprendizagem humana têm referência às três partes do entendimento humano, que são a base do aprendizado: história em relação à sua memória, poesia, à sua imaginação, e filosofia à sua razão" (Bacon, 1988, p. 81, tradução nossa). Variantes desse pensamento foram, na verdade, bastante comuns ao longo do tempo, como Heródoto, que afirmava escrever sua história para evitar que se apagassem "as grandes e maravilhosas explorações dos Gregos (Heródoto, 1964)". A bizantina Ana Comnena, escrevendo no século XII, via na história o papel de impedir que o "fluxo irresistível e incessante do tempo" fizesse com que caíssem "nas profundezas da obscuridade" (Comnena, 2000, p. 2, tradução nossa) as ações importantes e dignas de registro. Mesmo autores modernos fazem relação entre história e memória, como o historiador britânico Peter Burke (1937-) para quem a história seria uma "memória social" (Burke, 1992b).

No século XIX, acentuou-se a ideia de que a história era a memória de um país, especialmente porque, naquele momento, o passado estava sendo utilizado para a construção de sentimentos de nacionalismo e de narrativas patrióticas. A história, nesse sentido, desempenhava um importante papel na definição dos heróis nacionais, das datas cívicas e da legitimação das nacionalidades.

A relação entre memória e história passou a ser questionada a partir dos novos debates em relação à natureza da história, no início do século XX. Historiadores passaram a se afastar da história nacional política, buscando sua independência em relação a esse processo de justificações patrióticas.

> Segundo o historiador francês Pierre Nora (1931-), se a história e a memória apresentavam, até o século XIX, alguma relação, esta desapareceu a partir da aceleração do tempo, que promoveu o fim das tradições, dos costumes antigos, das identidades coletivas, todos baseados na memória. "Fala-se tanto da memória", afirma Nora (1993, p. 7), "porque ela não existe mais". Restariam apenas **locais de memória**, que ele define como qualquer entidade, material ou imaterial, que tenha se tornado significativa de determinada herança de uma comunidade: "Há locais de memória porque não há mais meios de memória" (Nora, 1993, p. 7). Nesse contexto, história e memória seriam antagônicas, pois a primeira teria participado da destruição das tradições e símbolos construídos que apelavam à memória.

Halbwachs (2006), citado no início deste capítulo, diferenciava memória e história, afirmando que esta última apresenta maior rigor. O geógrafo e historiador britânico David Lowenthal (1923-), por sua vez, afirmou que "A história difere da memória não apenas no modo como o conhecimento do passado é adquirido e corroborado, mas também no modo como é transmitido, preservado e alterado" (Lowenthal, 1998, p. 107).

Há muitos pontos de contato entre a memória e a história. Afinal, se a primeira se utiliza da segunda como fonte, esta é influenciada por processos históricos. Mas não há uma continuidade natural e automática entre elas. E mesmo a memória tem suas características e funções próprias, que não se confundem com as da história. Esta apresenta, sim, características de uma memória social e é utilizada muitas vezes com esse propósito. No entanto, devemos perceber que a analogia com a memória individual ou coletiva deve ser feita com muito cuidado e não pode ser estendida em demasia sob o risco de se tornar equivocada.

Antonio Fontoura

A utilização de memórias como fonte de pesquisa, por sua vez, exige especial atenção. A chamada *história oral* – a utilização de depoimentos essencialmente narrados por pessoas que testemunharam ou participaram de certos eventos – não envolve apenas um método de pesquisa, mas se associa a princípios teóricos que buscam discutir as relações entre a memória humana, sua relação com a memória social e sua utilização como fonte histórica.

Em sociedades com escrita e com queda dos índices de analfabetismo, como é o caso do Brasil, a memória tende a desempenhar um papel menor na transmissão de conhecimentos e na coesão social. Participamos, ainda assim, de certa tradição oral, por meio da qual aprendemos provérbios, cantigas populares (como "Atirei o pau no gato"), jogos e fórmulas. É claro, contudo, que isso não é comparável ao que ocorre em sociedades sem escrita, em que a memória desempenha fundamental papel na organização social. Esse segundo tipo de memória é objeto de pesquisa histórica, em que se estudam as maneiras pelas quais as memórias passam entre gerações. Nesse caso, podem ser estudadas versões fixadas pela escrita do que antes eram tradições orais, como ocorre com as poesias de Homero ou as histórias infantis.

O uso mais comum da história oral, porém, parte das reminiscências pessoais, ou seja, a lembrança de indivíduos a respeito de certos eventos ou de determinados períodos do passado. A história oral é um método de pesquisa, portanto, que deve considerar as críticas gerais ao uso da memória como fonte: as mudanças da memória, a parcialidade das lembranças, as mudanças que ocorrem em relação ao tempo, a influência do presente, entre outras.

Durante muito tempo, a história oral não foi considerada um método válido de pesquisa, pois, como se acreditava então, contrariava princípios considerados objetivos, como a análise de documentos escritos. Para muitos pesquisadores, as incertezas da memória tornavam-na inviável como uma fonte objetiva. No direito, a testemunha é muitas vezes referida como a "prostituta das provas", justamente por conta da falibilidade dos sentidos, da influência da emoção do momento e dos interesses pessoais na construção da narrativa do testemunho. Tais argumentos partiam de uma concepção ainda metódica de fontes (em que se acreditava que os textos escritos trariam a verdade de uma maneira mais pura). Desconsiderava-se, portanto, o fato de que todas as fontes têm possibilidades e limitações e todas exigem crítica e análise.

As fontes orais têm, assim, particularidades que lhes são próprias. Como afirmou o ator e escritor Harold Pinter (1930-2008), o passado pode ser tanto "o que você lembra, imagina que lembra, convence a si mesmo que lembra, ou finge lembrar" (Pinter, 1970, citado por Lowenthal, 1998, p. 75). Se as memórias são fenômenos sociais, será na conversa, no diálogo, que serão recuperadas, trazidas à superfície. Mas esse diálogo acontece no presente, e é com base nele que as narrativas são construídas. Os valores do presente afetam o conteúdo e a organização das lembranças.

Além disso, a memória é convertida em uma narrativa que ajuda a construir uma identidade. Será com base naquilo que é lembrado que a pessoa construirá seus referenciais no mundo. Se perguntarmos "por que você estuda história?", sua resposta vai se ligar à sua narrativa de vida e à maneira como você vê o mundo. Não queremos dizer que as memórias sejam falsas, mas, simplesmente, que farão parte de um enredo no qual serão inseridas.

Exemplos da transposição de memórias para narrativas são as biografias e as autobiografias, criadas para construir uma determinada imagem, seja aos contemporâneos do biografado, seja à posteridade. Santo Agostinho (354-430), por exemplo, em sua obra *Confissões*, apresenta uma narrativa de construção de sua religiosidade após abandonar uma vida de pecados. As hagiografias, ou a vida dos santos, selecionavam criteriosamente eventos de modo a comprovar a superioridade da moral e da fé cristãs. Porém, foi principalmente após o século XVIII que as biografias passaram a ser escritas para narrar a criação de determinada identidade, como se a vida tivesse, por si mesma, determinado um enredo coerente.

No Brasil, a partir de 1980, a metodologia da história oral passou a fazer parte de núcleos de pesquisa em história e, gradualmente, foi conquistando sua legitimidade no campo acadêmico. Ganhou preeminência após a popularização dos gravadores, ainda que antes disso houvesse experiências esporádicas de registro de memórias. O único depoimento autobiográfico completo de um ex-escravizado brasileiro foi tomado dessa forma. Mahommah Gardo Baquaqua, trazido à força para o Brasil, foi vendido para um comerciante de escravizados nos Estados Unidos em meados do século XIX, onde conseguiu escapar. Lá narrou suas experiências a um grupo abolicionista, que procurou utilizá-la em sua propaganda contra a escravidão.

Uma pequena observação sobre método: como qualquer outra fonte histórica, é o objeto da pesquisa que definirá os detalhes das entrevistas – quem serão os entrevistados e em qual quantidade, quais questões serão levantadas, quais análises se pretende realizar com o material. A história oral é importante para resgatar determinadas experiências, confrontar dados obtidos com base em diferentes fontes e analisar a diversidade de memórias, narrativas e pontos de vista – não raramente contraditórios – que tornam mais complexa a análise de fatos e de eventos do passado. O conteúdo, ainda, deve ser considerado em sua relação com a memória do grupo a que se pertence; aquilo que foi testemunhado ou vivido parte sempre de determinado ponto de vista, de determinada compreensão da realidade.

Além disso, devemos ter atenção não apenas às palavras em si, mas também às pausas, aos gestos, às entonações que fazem parte da comunicação, pois são significativos em si e, por isso, devem ser interpretados.

4.3.1 O PATRIMÔNIO HISTÓRICO

Os enormes danos causados a patrimônios culturais materiais durante a Segunda Guerra Mundial e a criação da Organização das Nações Unidas para a Educação, a Ciência e a Cultura (Unesco), com sua política de preservação desses patrimônios, estimularam a organização de determinadas regras, bem como fundos de investimento e iniciativas políticas que objetivassem a preservação de patrimônios considerados fundamentais para a cultura e a história da humanidade.

Ainda que objetos históricos e artísticos sejam os exemplos mais comuns de patrimônio cultural, formas de brincar e de trabalhar, maneiras de se alimentar e de se divertir, ritos e festas populares constituem também o patrimônio de um país ou de uma cultura. O que caracteriza, então, para a Unesco, um patrimônio cultural? Toda atividade cultural, material ou imaterial, que:

i. representar uma obra-prima do gênio criativo humano, ou
[...]
iii. aportar um testemunho único ou excepcional de uma tradição cultural ou de uma civilização ainda viva ou que tenha desaparecido, ou
iv. ser um exemplo excepcional de um tipo de edifício ou de conjunto arquitetônico ou tecnológico, ou de paisagem que ilustre uma ou várias etapas significativas da história da humanidade, ou
[...]
vi. estar associados diretamente ou tangivelmente a acontecimentos ou tradições vivas, com ideias ou crenças, ou com obras artísticas ou literárias de significado universal excepcional [...]. (Unesco, 2016)

Seria possível pensar que, com a atual conscientização da importância do passado, a necessidade de preservação de memórias e testemunhos e mesmo a existência de instituições nacionais e internacionais (como a própria Unesco), os patrimônios culturais estivessem relativamente em segurança. Mas não é o que acontece. São várias as razões que os colocam sob risco em todo o mundo, sendo as principais:

- **Econômicas:** Locais de preservação podem ser destruídos para exploração econômica ou mesmo por ladrões de antiguidades, que escavam prédios e construções históricas em busca de objetos para comercializar ilegalmente. Nesse tema há ainda a questão da própria sustentabilidade dos patrimônios. Se locais como Auschwitz-Birkenau devem ser preservados, como devem ser obtidos os recursos para a sua manutenção? Uma das respostas tem sido o turismo, embora ele envolva problemas de espetacularização da memória – o que pode gerar conflitos éticos.

- **Religiosas e culturais:** Monumentos e construções históricas podem ser deliberadamente destruídos por pessoas que acreditam que as crenças dos indivíduos do passado ofendem certas concepções religiosas, políticas ou morais do presente.

- **Políticas:** Exploração turística, ampliação urbana e decisões locais sobre o que deve e o que não deve ser preservado levam à deterioração e à destruição de patrimônios.

As decisões políticas, além disso, explicitam o fato de que a preservação de determinada memória, ou de um objeto cultural, monumento ou construção, não é, muitas vezes, resultado de concepções objetivas a respeito do valor do passado. Elas são influenciadas por determinadas visões de mundo – e já vimos várias vezes neste livro:

uma visão de como o mundo é hoje sempre traz consigo uma imagem de como o mundo era no passado.

De tudo aquilo que existiu no passado e que ainda se encontra preservado, desde elementos materiais – como construções – até imateriais – como ritos populares –, apenas uma pequena parte será considerada digna de recursos e cuidados para a sua preservação. De todos os vestígios, apenas uma minoria será definida como *patrimônio cultural* e, portanto, digna de ser preservada. A definição de algo como *patrimônio* pressupõe uma institucionalização. E como não se pode preservar tudo, em determinado momento alguém deve definir o que deverá ser demolido e o que deverá ser poupado. Para fazer essa escolha, entram em cena os julgamentos.

A definição de *patrimônio* e a busca por sua preservação aproximam-se bastante do conceito de memória que estamos discutindo neste capítulo. Definir uma determinada construção como "patrimônio cultural material" reflete o desejo de preservação de uma memória que é considerada parte da identidade de uma região ou de um país. Há pouco, vimos que o historiador francês Pierre Nora (1993) define os "locais de memória" como aqueles em que determinada lembrança é avivada e determinada relação entre passado e presente é constituída. O que a definição de *patrimônio cultural* faz, assim, é participar da construção desses locais de memória.

Serão valorizadas as partes do passado em que se acredita existir uma ligação mais próxima com o presente, isto é, aquelas que criariam a identidade de determinado grupo, região ou nação. A maioria dos museus históricos no Brasil, por exemplo, ainda seguem o modelo desenvolvido no século XIX de locais de exposição de peças. A cultura material ali presente costuma estar descontextualizada. Essa concepção estática cria um distanciamento em relação ao passado, além de uma determinada justificativa para a história.

A definição, portanto, do que se deseja ou não preservar ou expor parte do desejo de legitimar o presente com base na construção de determinada continuidade em relação ao passado. Portanto, o que se escolhe preservar tem direta relação com a noção de identidade do presente. Por isso mesmo, políticas de patrimônio são, ao mesmo tempo, políticas de memória e de identidade.

Escolas históricas: marxismo e materialismo histórico

A obra do filósofo alemão Karl Marx é bastante ampla e muito influente, não apenas na história, mas nas demais ciências humanas e sociais, além da filosofia. Ele produziu desde artigos para várias publicações, panfletos políticos (sendo o mais famoso o *Manifesto Comunista*), até textos filosóficos, como *O capital*, sua principal obra.

É interessante notar que não existe um pensamento único de Marx durante toda a sua vida: com o passar dos anos, ele foi aprimorando e modificando suas ideias. Além disso, Marx resistia às tentativas de simplificação de seus pensamentos, chegando a afirmar que ele mesmo não era marxista.

Para Marx, a história deve ser compreendida com base nos indivíduos concretos, nas formas pelas quais as pessoas constroem materialmente suas vidas e nas relações que se estabelece entre elas, o que ele denomina de "produção social de sua existência" (Marx, 1977, p. 23).

O movimento da história, bem como seus contextos específicos, é entendido na correspondência existente entre as relações de produção – as maneiras pelas quais as pessoas se organizam para produzir os bens em uma sociedade – e as forças produtivas – os conhecimentos científicos, técnicos, além de fontes de energia e matérias-primas.

A economia, ou seja, a infraestrutura, é o elemento determinante da política. Legislação e cultura seriam, dentre outros elementos da sociedade, a superestrutura. As contradições existentes entre os diferentes interesses de classe – como a burguesia e o proletariado – têm seu fundamento em questões estruturais da economia.

Para Marx, havia determinado sentido na história (você pode relembrar essa questão sobre as filosofias da história no Capítulo 2 deste livro), sendo o capitalismo o resultado de um processo histórico e um sistema também transitório. Do conflito entre as classes burguesa e proletária, deveria haver ou a destruição de ambas ou o surgimento de uma síntese entre elas, com um novo modo de produção, denominado *comunismo*, em que não haveria classes sociais.

Há uma quantidade imensa de teóricos que são devedores de Marx. Por essa razão sob o rótulo de "marxistas" podem ser incluídos pensadores e políticos tão diferentes quanto Rosa Luxemburgo (1871-1919), Che Guevara (1929-1967), Lenin (1870-1924), Georg Lukács (1885-1971), Stalin (1878-1953), Jacob Gorender (1923-2013), Louis Althusser (1918-1990), os membros da escola de Frankfurt, entre muitos outros.

Particularmente importante para os estudos históricos, são os historiadores da chamada *nova esquerda inglesa*, como Edward Thompson (1924-1993) e Perry Anderson (1938-), que procuraram incorporar questões culturais à teoria marxista, afastando-se de modelos ortodoxos comuns nos anos 1960 e 1970.

No Brasil, historiadores como Caio Prado Jr. (1907-1990) e Nelson Werneck Sodré (1911-1999) influenciaram os estudos históricos com suas análises baseadas no materialismo histórico. Nos cursos superiores de História do país, a visão marxista foi preponderante ao menos até os anos 1980, com análises sobre a estrutura da escravidão, a constituição do capitalismo no Brasil e a formação das lutas sindicais no processo de industrialização.

Síntese

Ainda que seja um fenômeno, biológico, a memória é tanto armazenada quanto evocada socialmente. Dessa maneira, o que lembramos e quando lembramos tendem a se associar a determinadas expectativas sociais. Esse é um ponto importante quando a memória é utilizada como fonte histórica, por meio de depoimentos. Afinal, o que uma pessoa se lembra do passado não é um dado objetivo da realidade, mas uma determinada impressão, filtrada pelas expectativas sociais.

Antonio Fontoura

As memórias coletivas, por sua vez, produzem efeitos de coesão e uniformidade social, sendo importante tópico de gestão e disputas. É por isso que memórias podem ser criadas ou reforçadas. Nesse sentido, a história desempenhou, especialmente no século XIX, importante papel, construindo mitos e heróis nacionais.

Memórias sociais podem, também, ser disputadas (como ocorre no Brasil em relação às torturas ocorridas durante o regime militar) e mesmo apagadas (como ocorreu após o fim do nazismo). As ideias de memória ainda relacionam-se à concepção de *patrimônio histórico*. Afinal, o que será considerado *patrimônio*, ou seja, digno de ser lembrado e preservado, é resultado de determinada concepção do presente e do passado; é algo que, por diferentes razões, define-se como sendo digno de ser rememorado. As memórias também são, socialmente, algo pelo que se luta.

Atividades de autoavaliação

1. Assinale verdadeiro (V) ou falso (F) para as afirmações que seguem. Depois, marque a alternativa que apresenta a sequência correta:

    ( ) A memória é a única fonte realmente objetiva utilizada em estudos históricos, pois é baseada em testemunhas oculares, que podem ser interrogadas diretamente pelo pesquisador.

    ( ) Não existem, na atualidade, metodologias adequadas que permitam a utilização das memórias individuais como fontes históricas. A memória, então, funciona como complemento a outros documentos históricos, mais objetivos.

( ) As memórias tendem a se organizar como narrativas: o que é lembrado é inserido dentro de um determinado enredo que a pessoa, por sua vez, relaciona com a própria identidade.
a) F, F, V.
b) F, V, F.
c) F, F, F.
d) F, V, V.

2. Assinale verdadeiro (V) ou falso (F) para as afirmações que seguem. Depois, marque a alternativa que apresenta a sequência correta:

( ) A história oral é uma técnica que envolve tanto a elaboração de entrevistas com pessoas que vivenciaram determinados eventos ou períodos quanto uma maneira de analisar e compreender esses depoimentos.

( ) As memórias são sempre sociais: elas são revividas coletivamente, são referenciadas com base também nas experiência dos outros, bem como relacionam-se com o mundo em que a pessoa vive e às suas expectativas.

( ) Ao contrário do que ocorre com outras fontes históricas, as entrevistas não podem ser guiadas por questões prévias do pesquisador, pois se corre o risco de direcionar as respostas, influenciando no rigor da análise.

a) V, V, V.
b) V, F, F.
c) V, F, V.
d) V, V, F.

Antonio Fontoura

3. Sobre a ideia de "locais de memória", de Pierre Nora (1993), é correto afirmar:
   a) Os locais de memória significam o avivamento da história em determinada comunidade, pois representam o desejo da lembrança e o respeito ao passado.
   b) A história participa da destruição da memória, e o fim desta é representado pelos locais de memória, efetivamente. É justamente porque a memória não desempenha papel relevante no presente que os locais de memória são construídos.
   c) Monumentos como os túmulos a soldados desconhecidos ou mausoléus a mortos em combates não podem ser considerados locais de memória, pois não fazem referência a eventos que desejam ser lembrados, mas sim lamentados ou mesmo esquecidos.
   d) Para Nora, a memória não tem qualquer ligação com a história. Enquanto a história procura construir novas memórias com base em fontes primárias, a memória que se transforma em monumento é aquela já conhecida e, portanto, não mais histórica.

4. Leia com atenção o trecho a seguir, escrito pelo historiador Georges Duby. Depois, assinale a alternativa correta:

Enfim, eu tentava ver como um acontecimento se faz e se desfaz, já que, afinal, ele só existe pelo que dele se diz, pois é fabricado por aqueles que difundem a sua notoriedade. Esbocei, pois, a história da lembrança de Bouvines, de sua deformação progressiva, pelo jogo, raramente inocente, da memória e do esquecimento. (Duby, 1993, p. 11-12)

a) A "deformação progressiva" a que se refere Duby relaciona-se às mudanças na memória, como apagamentos, modificações ou adições, que podem ser compreendidas historicamente e relacionam-se com contextos históricos.

b) Quando Duby afirma que um "acontecimento [...] só existe pelo que dele se diz", afirma a primazia da testemunha ocular sobre outros documentos históricos.

c) Duby esboça a "história da lembrança de Bouvines" justamente porque história e memória se equivalem.

d) A "deformação progressiva", segundo Duby, é "raramente inocente", pois historiadores costumam ser tendenciosos quando se utilizam da memória como fonte histórica.

5. Sobre os usos da memória por parte dos governos em sua gestão, é correto afirmar:

a) Os expurgos que ocorreram na União Soviética, com a consequente falsificação de imagens e outros documentos, demonstra o quão importante é, para Estados autoritários, o controle da história.

b) O governo militar brasileiro foi exceção no que se refere às tentativas de gestão da história: jamais, quando esteve no poder, influenciou a produção de pesquisas históricas nas universidades ou a produção de textos patrióticos em livros didáticos.

c) As definições existentes na atualidade a respeito do patrimônio cultural têm conseguido resolver os problemas existentes no que se refere à preservação de valores materiais e imateriais considerados fundamentais à humanidade.

d) A ideia de que o Brasil é um "país sem memória" é um preconceito que não condiz com a realidade, haja vista a estrutura existente para a preservação do patrimônio nacional, a conservação de documentos em arquivos e a ampliação de bibliotecas públicas.

Atividades de aprendizagem

Questões para reflexão

1. Leia a manchete a seguir:

   TJ-PR suspende feriado do Dia da Consciência Negra em Curitiba:
   Órgão determinou a suspensão dos efeitos da lei municipal depois do pedido da Associação Comercial do Paraná e do Sindicato da Construção Civil. Decisão do tribunal pode ser contestada. (TJ-PR ..., 2013)

   Agora, reflita sobre as seguintes questões:

   a) Quem são as pessoas que têm interesse em estabelecer em Curitiba (capital do Paraná) o feriado do dia da Consciência Negra?

   b) Quais são e quem representam as instituições que buscaram a suspensão do feriado?

   Com base em sua análise, discuta como as disputas a respeito do estabelecimento de feriados, como o Dia da Consciência Negra, são também disputas pela memória do país.

2. O Instituto do Patrimônio Histórico e Artístico Nacional (Iphan) é a instituição responsável pela definição e fiscalização da preservação dos patrimônios culturais do Brasil. Acesse o *site* do Iphan e procure descobrir quais são as políticas públicas de preservação do patrimônio cultural nacional.

IPHAN – Instituto do Patrimônio Histórico e Artístico Nacional. Disponível em: <http://iphan.gov.br>. Acesso em: 20 nov. 2016.

Atividade aplicada: prática

Em *Nossa Senhora de Paris*, também conhecido como *Notre-Dame de Paris* ou *O Corcunda de Notre-Dame*, o escritor francês Victor Hugo roga que "enquanto não aparecem monumentos novos, conservemos os antigos" (Hugo, 1958, p. 10). Os monumentos não são apenas as obras do passado, mas também as construções atuais que acabarão, por determinadas razões, sobrevivendo ao tempo. Podemos dizer que eles serão escolhidos como representantes de uma época ou de um ideal. Existe em sua cidade algo que já não esteja sob preservação, mas que você acredita que deva ser preservado? Apresente as justificativas para sua escolha.

Capítulo 5
Conceitos fundamentais
da história

Conceitos são estabelecidos para analisar determinada característica da realidade. São ferramentas que auxiliam o historiador, pois dirigem a análise e estimulam a objetividade do raciocínio. Afinal, só é possível construir conhecimento com base em uma definição clara do que se está estudando.

Neste capítulo, demonstraremos a maneira como os conceitos são utilizados para recortar a realidade de forma a tornar possível a análise do passado. Para isso, abordaremos alguns dos mais importantes conceitos interdisciplinares utilizados atualmente em história.

(5.1)
O USO DE CONCEITOS

Você conhece a história de Funes, o memorioso? Trata-se de um personagem criado pelo escritor argentino Jorge Luís Borges (1899-1986). Funes tinha uma memória prodigiosa, mas não conseguia abstrair o que lembrava, e seu mundo, então, era repleto de experiências únicas e irrepetíveis.

> Não apenas lhe custava compreender que o símbolo genérico cão abarcava tantos indivíduos díspares de diversos tamanhos e diversa forma; perturbava-lhe que o cão das três e catorze (visto de perfil) tivesse o mesmo nome que o cão das três e quatro (visto de frente). [...] Era o solitário e lúcido espectador de um mundo multiforme, instantâneo e quase intoleranlemente preciso. (Borges, 1975, p. 115)

Funes vivia em um mundo de eternas singularidades. Cada informação que recebia pelos sentidos, todas e ao mesmo tempo, eram únicas, e cada uma tão importante quanto a outra. A cada novo instante, todo o mundo à sua volta mudava.

A redução das informações e a sua abstração são duas ações que todos nós precisamos fazer para compreender a realidade, para não nos perdermos no mar de estímulos como aquele em que vivia Funes. Isolamos e filtramos parte de tudo aquilo que chega até nós pelos sentidos para conseguirmos perceber que um conjunto de sensações que de repente nos assola é, na verdade, apenas um gato que pulou em nosso colo. Reduzimos a realidade e a abstraímos em torno do conceito de *gato*. Temos tanto a ideia geral de gato – sabemos reconhecer outros tantos quando os vemos – quanto conseguimos diferenciar dos demais gatos o indivíduo específico que pulou em nosso colo: Tobias, um gato persa.

O filósofo Keith Jenkins (1943-) afirmou que a "fragilidade epistemológica" da história estaria no fato de que "nenhum historiador consegue abarcar e assim recuperar a totalidade dos acontecimentos passados, porque o 'conteúdo' desses acontecimentos é praticamente ilimitado. Não é possível relatar mais que uma fração do que já ocorreu" (Jenkins, 2007, p. 31). Nisso, Jenkins está com a razão. É impossível recuperar a totalidade do passado – até porque, e se isso não está claro o suficiente, está se falando de recuperar **tudo**. Mesmo nosso compulsivo escritor de diários, Robert Shields, que deixamos lá no primeiro capítulo, não conseguiu recuperar senão uma fração de sua existência.

Mas já não se pode concordar com Jenkins quando ele afirma que isso é uma "fragilidade epistemológica" da história. Isso é, na verdade, não apenas necessário à própria existência (como exemplifica Funes), mas, principalmente, um procedimento essencial a qualquer tipo de ciência. Nenhuma modalidade de conhecimento tem a capacidade de entender o todo, a totalidade da realidade, por menor que essa realidade seja. A geologia não quer recuperar todas as informações sobre a Terra, a física sobre cada átomo do Universo individualmente, ou a biologia sobre cada célula. Todo conhecimento precisa de redução e de abstração. Recontar todo passado não é possível, mas também sequer é desejável. Uma história que recuperasse todo o passado teria no mínimo a mesma extensão que ele. Seria tão inútil quanto um mapa-múndi em escala 1:1.

Você gosta de física? Que bom. Será, então, que você consegue resolver o seguinte problema proposto em um vestibular da Fuvest de São Paulo?

(FUVEST–2001) Um motociclista de motocross move-se com velocidade $v = 10$ m/s, sobre uma superfície plana, até atingir uma rampa (em A), inclinada de 45° com a horizontal, como indicado na figura. Suponha $g = 10$ m/s².

Figura 5.1 – Questão de física

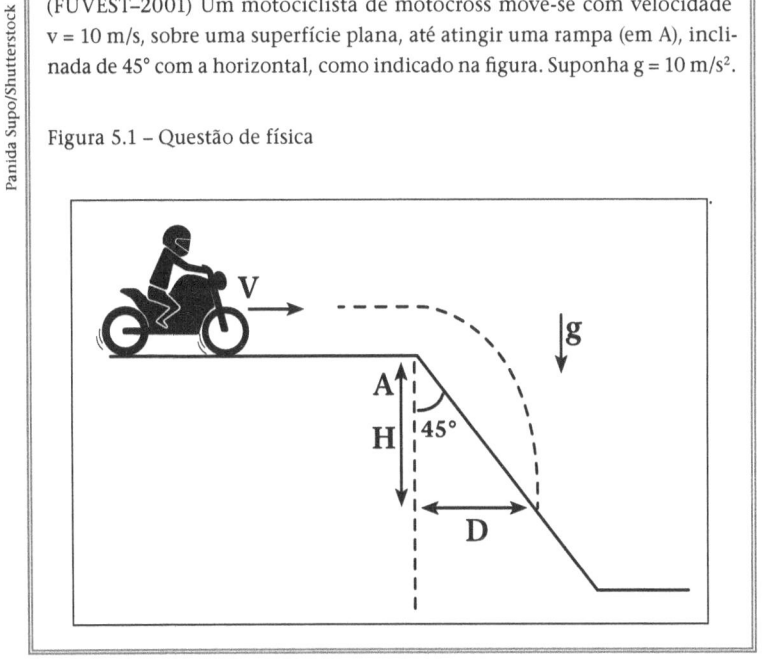

O problema original pedia para o aluno encontrar a distância D, que seria o ponto em que o motociclista tocaria novamente a rampa. Fica a questão para você resolver. O que desejamos destacar desse exemplo é: repare o quanto a realidade é reduzida, simplificada, para que o resultado possa ser calculado.

Quantas motos conseguem ser guiadas a uma velocidade exata de 36 km/h (que equivale a 10 m/s)? Quantas superfícies planas, perfeitas e ideais você conhece? Além disso, em nenhum lugar do planeta a aceleração da gravidade é exatamente 10 m/s^2. E quem conseguiria construir uma rampa que tenha perfeitos 45° de inclinação, e não 45,001° ou 44,998°, ou mais ou menos do que isso? E você deve lembrar que, nesses exercícios, todo o atrito deve ser desconsiderado, toda resistência do ar é sempre desprezível e tudo, incrivelmente, só acontece ao nível do mar.

A realidade, portanto, é imensamente reduzida para que esse problema seja proposto e, mesmo, solucionado. Poderíamos, ainda, pensar que há um recorte temporal nele: De onde veio a moto? O que acontecerá com ela depois que deixar a rampa? Há, portanto, embora à maneira da física, uma narrativa com início, meio e fim. Essas características servem como comparação ao recorte temporal necessário em história; trata-se também de uma redução, de uma simplificação, que impede que todos os estudos comecem no Big Bang e terminem no presente.

Existe, portanto, uma enorme diferença entre a realidade e o conhecimento dessa realidade. Como disse o físico Albert Einstein (1879-1955), em 1921: "Se as leis da matemática referem-se à realidade, elas não estão corretas; e, se estiverem corretas, não se referem à realidade" (Einstein, 1921, citado por Zyga, 2013, tradução nossa).

Isso foi dito porque Einstein sabia que a realidade é profundamente complexa. Os cálculos dos exercícios com o apresentado referem-se a modelos e conceitos ideais, inexistentes de forma efetiva na realidade. Não se duvida de que a química, a física ou a biologia sejam ciências que apresentem formas de abstração do conhecimento, além de capacidade de previsão e exatidão, muito superiores às das ciências humanas – inclusive a história. Mas mesmo elas têm enormes dificuldades com eventos altamente complexos, como compreender a evolução de incêndios, analisar precisamente a ocorrência de tempestades, prever terremotos (a história, por outro lado, lida apenas com eventos altamente complexos).

Daí, enfim, a importância do uso de conceitos. É o que nos permite, em história, evitar narrar simplesmente que Hitler subiu ao poder em 1934 e que Mussolini subiu ao poder em 1922 como primeiro ministro. Assim, conseguimos analisar ambos os eventos baseados em conceitos como poder, totalitarismo ou liderança carismática. É desse modo que construímos analogias e estabelecemos análises.

Sempre, de alguma maneira, historiadoras e historiadores irão ler a realidade, ou seja, irão abstraí-la e reduzi-la para compreendê-la, como o fazem com tudo o mais. E os piores conceitos, os mais deformadores, são justamente os ingênuos, aqueles não são definidos de maneira explícita e rigorosa. É por isso que tanto na produção de seus próprios textos quanto na leitura da historiografia, deve-se prestar atenção às definições e aos usos conceituais.

Um exemplo da atenção que se deve dar à importância dos conceitos está em um debate entre o sociólogo Max Weber (1864-1920) e o historiador sueco Kurt Samuelsson (1921-2005). Para Weber, a ética protestante foi importante para o desenvolvimento inicial do capitalismo. Samuelsson, por sua vez, contestou essa afirmação ao identificar uma grande quantidade de capitalistas que, de fato, não tinham qualquer relação com o protestantismo. Weber estava errado? Não. O problema é que Samuelsson estava contestando algo que Weber não disse. Como assim? Embora ambos usassem o termo *capitalismo*, tinham para ele diferentes definições, isto é, usavam diferentes conceitos para esse termo. Weber o definiu como a organização racional do trabalho formalmente livre. Já Samuelsson o pensava como acumulação de capital em larga escala. Samuelsson, portanto, questionou uma ideia que jamais foi de Weber.

5.1.1 Um conhecimento do que é único?

Disse o filósofo alemão Hans-Georg Gadamer (1900-2002) sobre a história:

> O que quer que se entenda por *ciência*, não será encontrando regularidades, nem as aplicando aos dados históricos, que se apreenderá o elemento específico do conhecimento histórico. [...]
> [O] verdadeiro objetivo [da história] – mesmo utilizando-se de conhecimentos gerais – é antes compreender um fenômeno histórico em sua singularidade, em sua unicidade. (Gadamer, 2006, p. 23, grifo do original)

Todas as ciências têm como objetivo compreender os fenômenos que estudam em suas particularidades. É a física que nos faz entender a luz que ilumina nosso escritório no seu sentido particular: sabemos de onde vem a energia, o que ela é, como passa pelos fios de cobre mal dimensionados que nós mesmos instalamos, atravessa o interruptor de três teclas, embora só utilizemos uma (pois não queríamos comprar outro só por causa disso), e vai até à lâmpada fluorescente. Podemos descrevê-la em sua particularidade, aplicando um conhecimento geral sobre o funcionamento de sistemas elétricos.

Na verdade, é só na particularidade que conseguimos criar sistemas elétricos: é vendo onde estão os canos em cada parede, entendendo de onde vem a energia, passando o cabo guia para instalar os fios, parafusando o suporte, o plafon, a lâmpada; ligar, ver que não acendeu, achar o fio mal colocado, refazer, passar fita isolante etc.

É só nos casos particulares – naquela lâmpada em si – que o estudo dos sistemas elétricos se torna concreto. E isso não é contrário à ideia de estudos da regularidade nem impede a formação de leis gerais – quando possível. Não existe nenhum sistema elétrico (talvez apenas em laboratórios de altíssima tecnologia) que tenha se comportado exatamente como na teoria. A fonte nunca gera exatos 100 volts, a resistência nunca tem exatos 50 ohms, e o amperímetro sempre mostra mais ou menos 2 amperes. Porque, também nas bancadas dos laboratórios, os sistemas elétricos são sistemas individuais, únicos, reais, e apenas por aproximação adequam-se ao modelo teórico formal.

Retornamos, assim, à discussão do último item, a respeito da complexidade da realidade e da necessidade de sua redução. O circuito elétrico que aparece em manuais de eletrotécnica é um modelo reduzido que, por aproximação, assemelha-se à forma como a lâmpada de nosso escritório está ligada, ou seja, a atenção para com o particular não é exclusiva do conhecimento histórico.

Mas Gadamer (2006, p. 23) fala em "fenômeno histórico [...] em sua unicidade". Certamente ele estava pensando em eventos como o sequestro do embaixador estadunidense Charles Elbrick em 1969. Isso existiu apenas uma única vez, não pode ser repetido (em laboratório, por exemplo), está localizado temporalmente de forma precisa, seu contexto pode ser identificado (ditadura militar brasileira *versus* resistência armada), bem como envolve determinadas pessoas cujos nomes são conhecidos. Mas esse é um evento, como qualquer outro da história, realmente único?

Particular, talvez; único, não. Um evento que fosse único, isto é, cuja ocorrência fosse singular e exclusiva em todos os seus aspectos – ou seja, *sui generis* –, seria, na verdade, irreconhecível. Podemos compreender o sequestro do embaixador Elbrick porque ele tem semelhanças com outros eventos conhecidos – com outros sequestros, outros períodos, outras ditaduras e outras pessoas, em outras datas. Podemos compreender o medo, a coerção, a violência, a negociação que estiveram envolvidas porque conhecemos exemplos análogos. O que caracteriza o sequestro de Elbrick é tanto o que há de específico nele quanto as semelhanças que apresenta com outros eventos do passado.

Cada evento histórico é particular, sem dúvida, à sua própria maneira – como são os fenômenos estudados por outras disciplinas; é por isso que não é nisso que reside a especificidade da história. Ao mesmo tempo, não se pode dizer que os eventos sejam únicos, pois isso tornaria a própria realidade ininteligível. É bem possível, inclusive, que o caráter totalmente único de um evento sequer exista: mesmo a mais absurda das situações será inserida em esquemas culturais que já trazemos prontos.

Por isso, a história não é a ciência do único. Isso seria construir um tipo de conhecimento próprio de Funes, o memorioso. Mas, cada evento histórico é particular no mesmo sentido em que a tempestade de quarta-feira à tarde é diferente da de sábado passado. Não são, porém, únicos, caso contrário, sequer saberíamos que se tratam de "tempestades". Funes poderia não entender que se tratam de eventos que apresentam certa identidade, mas nós podemos.

De toda forma, a noção de história como ciência do único (enquanto outras, como a sociologia, seria generalizante) foi muito comum e ganhou força com o historicismo e a sua concepção de que cada momento histórico seria uma manifestação única do espírito humano. Porém, como exemplificou Peter Burke, mesmo historiadores que não eram historicistas e que acreditavam na unicidade dos eventos históricos utilizaram-se de analogias – como Marc Bloch, que escreveu uma longa obra sobre a "sociedade feudal", e o historiador inglês Lawrence Stone (1919-1999), que se utilizou do conceito generalizante de "privação relativa" para analisar a revolução inglesa (Burke, 2002, p. 48-43).

O sociólogo francês François Simiand (1873-1935), criticando o historicismo metódico, já no século XIX, afirmava que os fatos singulares não têm qualquer utilidade para a construção do conhecimento. Afinal, como analisar algo que só aconteceu uma única vez? Como explicar sua causa? Só conseguimos estabelecer relações de causalidade quando comparamos um evento a outros similares: se seu telefone cai de sua mesa, esse é um evento particular, mas não é único, pois você sabe que a gravidade atrai telefones para o chão. Já para um evento que seja totalmente único, não há analogias.

Um conhecimento sobre algo que ocorreu apenas uma vez não teria outra forma de ser expresso senão pela narrativa: "estava em meu escritório quando meu celular voou para o teto. Ficou 20 segundos por lá e voltou à mesa". A narrativa apenas conta algo.

(5.2)
ALGUNS CONCEITOS INTERDISCIPLINARES

Os conceitos com os quais trabalharemos nas páginas seguintes foram escolhidos por três razões:

1. Trata-se de alguns dos conceitos que mais aparecem atualmente em textos históricos.
2. São conceitos interdisciplinares, ou seja, são utilizados (ou "transitam", como gostam de falar os profissionais de ciências humanas) por diferentes disciplinas. Talvez, de todos, o conceito de representação seja o mais restrito à história. Os demais são compartilhados por sociólogos, antropólogos, filósofos, dentre outros.

3. Não são conceitos específicos a eventos ou períodos históricos – não trataremos de conceitos como eixo, Guerra Fria, ditadura militar, ciclo do ouro, feudalismo, Renascença, Antiguidade, política da boa vizinhança, Iluminismo, Idade Média. Escolhemos conceitos que têm sido utilizados para analisar diferentes períodos e culturas, em distintos contextos históricos. Se não são atemporais, são amplos em suas possibilidades de usos.

5.2.1 Classe social

Na Figura 5.2, vemos uma foto, tirada na Inglaterra, em 1937, na qual aparecem cinco crianças. Duas, usando casacas, cartolas e bengalas estão sendo observadas com alguma curiosidade por outras três. A diferença nas roupas torna óbvia a distinção social que existe entre elas.

Figura 5.2 – Crianças inglesas em 1937

Pressupõe-se que essas crianças, apesar de terem mais ou menos a mesma idade e viverem em uma mesma época e em um mesmo país, tinham experiências de vida bastante diferentes: a elas seriam apresentadas distintas oportunidades. Assim, elas teriam diferentes expectativas e construiriam diferentes ideias a respeito do funcionamento do mundo.

A ideia de *classe* e, mais propriamente, de *classe social*, como utilizada nos estudos históricos, parte fundamentalmente desta ideia: pessoas vivendo em diferentes estratos da sociedade, construindo diferentes experiências e, assim, buscando diferentes objetivos individuais e sociais. Compreender as sociedades como divididas em classes, porém, não é apenas uma concepção atual. Desde a Antiguidade, pensadores reconhecem as sociedades em que vivem como compostas de grupos com diferentes direitos e responsabilidades. Todas eram concepções que buscavam justificar as desigualdades sociais por meio do apelo a certos direitos tradicionais, papéis sociais ou determinações religiosas.

Foi a apenas a partir do século XVIII, com a economia clássica, que o termo *classe* passou a ganhar um significado estritamente econômico para designar, por exemplo, a "classe trabalhadora". Para os economistas daquela época, a divisão da sociedade em classes sociais de fundo econômico seria essencial para a competitividade de um país.

Foi, porém, o pensamento do filósofo alemão Karl Marx que transformou a ideia de classe social em um dos conceitos fundamentais para uma determinada teoria de funcionamento da história. Já discutimos as ideias de Marx em alguns trechos deste livro: para ele, a divisão das sociedades em classes era algo próprio da história humana, e, com interesses diversos e muitas vezes antagônicos, classes diferentes tenderiam a entrar em choque entre si. O que definiria a diferença entre classes seria o acesso aos chamados *meios de produção*, ou seja, a todos os objetos, equipamentos, máquinas e recursos naturais necessários à produção de bens necessários à existência humana. Segundo a teoria marxista, as classes se dividem em grupos antagônicos, sumarizados entre os explorados e os exploradores: servos e amos, escravizados e senhores, operários e patrões etc. Em todos os casos, um grupo que trabalha, mas não detém os meios de produção (na sociedade capitalista, o proletariado), é explorado por outro grupo que, embora não trabalhe, tem os meios de produção e, assim, detém papel de destaque na estrutura social (no capitalismo, é a burguesia).

O modelo marxista de análise social influenciou e continua influenciando as ciências humanas e, com isso, a história. O conceito de classe é ainda muito difundido, mesmo apresentando problemas de definição: Quais os critérios que definem o pertencimento de uma pessoa a uma classe? Quais as relações que as classes mantêm entre si? Como o pertencimento a uma classe influencia a visão de mundo de seus membros?

Um modelo particularmente influente do conceito, e que buscou evitar o dogmatismo econômico, foi o construído pelo historiador inglês E. P. Thompson (1924-1993), para quem a noção de *classe* era fundamental, ainda que ele reconhecesse sua imprecisão. Para Thompson, classe não é algo que exista em si, mas que se constrói historicamente pelos trabalhadores. Não seria, portanto, o resultado de uma posição estrutural no processo de produção (ou seja, não surgiria de forma quase natural a partir do modo de produção), mas consequência da agência, isto é, da atuação, dos próprios trabalhadores. De acordo com Thompson (1987, p. 10), a consciência de classe refere-se às formas pelas quais as experiências "são tratadas em termos culturais: encarnadas em tradições, sistemas de valores, ideias e formas institucionais".

> Segundo Thompson (1981, p. 17), a **experiência** é uma "força propulsora do mundo real", que incorpora respostas mentais e emocionais a fomes, crises de subsistência, assassinatos, inflação, enfim, a todos aqueles acontecimentos que entram de maneira imprevisível na vida das pessoas. A experiência, diante dessas situações, torna-se também uma forma de conhecimento.
>
> As pessoas (os "seres sociais" de Thompson) pensam a respeito de tudo o que acontece com elas e, com isso, constroem suas experiências. Esses seres sociais, com base nas experiências, transformam a própria consciência social – ou seja, a forma como compreendem a si mesmos como pessoas de determinado grupo. Essa consciência surge quando as pessoas se percebem como parte de um grupo (posição social) com o qual compartilham características em comum: um determinado passado (e, assim, certas experiências), sobre o qual se construiu um presente e, dessa relação passado-presente, antecipa-se em determinado futuro. Tal consciência se apresenta de maneira cultural, em tradições, rituais, costumes, valores, ideias.
>
> Assim, a consciência social, agora transformada pela experiência, volta a influenciar os seres sociais. É por isso que Thompson (1981, p. 17) afirma que existe um "diálogo entre o ser social e a consciência social". A história não deve ser pensada de maneira estática, mas como um processo, uma transformação, um "fazer-se".
>
> Por isso, na concepção de Thompson (1981), a consciência social tem relação, sim, com a posição social (afinal, as experiências pelas quais uma pessoa passa são mais características de seu próprio modo de vida). Mas, também, sua consciência social mudará com base no que cada uma das outras pessoas experimenta em suas vidas e como agem em função disso.

Uma utilização acrítica do conceito marxista de classe pode gerar anacronismos, pois possibilita que historiadoras e historiadores tentem identificar classes com objetivos sociais opostos em sociedades em que os grupos sociais estabeleciam alianças ou mantinham complexas relações de dependência.

Antonio Fontoura

O sociólogo alemão Max Weber criticava o determinismo econômico do pensamento de Marx. Para Weber, uma sociedade constituía-se, sim, de classes (definidas em função da posição de uma pessoa no mercado), mas, também, de elementos como *status* e poder. Assim, um determinado grupo poderia não ser tão economicamente importante, mas seu *status* permitia uma maior influência na sociedade. Já em relação ao poder, grupos políticos poderiam tomar decisões independentemente de influências econômicas e de *status*. Posteriormente, outras divisões no modelo weberiano foram aplicadas, com distinção, por exemplo, entre raça, gênero ou parentesco.

5.2.2 PODER

Quando estudamos história, a ideia de poder está relacionada, em primeiro lugar, às relações sociais e, portanto, à capacidade de se produzir algum efeito sobre as pessoas; e, em segundo lugar, à maneira pela qual esse poder se constrói ao longo de um determinado período. Portanto, poder não é algo que alguém simplesmente possui, tampouco existem pessoas ou instituições que são poderosas, independentemente de contextos. O poder só se estabelece em relações sociais e históricas.

Em outras palavras, um poder não existe em si. Não é uma coisa que se toma e se guarda, como se determinada pessoa, governo ou classe "detivesse" o poder. O poder religioso, por exemplo, só vai existir entre aqueles que aceitam certa religião, seus valores e a autoridade de seus representantes. Da mesma forma, o dinheiro não concede nenhum poder em si mesmo a seu portador. Uma pessoa rica pode ter influência em uma sociedade como a nossa, em que o dinheiro é convencionado em determinado valor, mas não se relacionaria a qualquer poder em uma sociedade como a Tupinambá. Portanto, o poder é algo que só existe socialmente. Por isso, também, poder é algo que se constrói de forma histórica. Um exemplo seria o próprio poder do Estado: sua capacidade de criar impostos ou impor leis a toda uma população que se submete às suas regras é resultado de um longo processo. Além disso, só existe poder se existirem diferenças sociais. Em uma sociedade em que todos têm poder, obviamente, ninguém o tem. A ideia de *poder*, portanto, parte do pressuposto de que, sob determinados contextos, pessoas, instituições ou grupos exercem mais ou menos poder sobre outros, que se encontram em uma situação de maior ou menor submissão aos primeiros.

O poder não é exercido apenas na política (embora esse seja um campo particularmente importante para estudos sobre o poder), mas difunde-se na sociedade. Existe certamente o poder relacionado ao Estado, mas também dentro das relações familiares, nas fábricas, nas escolas, nas instituições médicas. Por essa razão, um estudo sobre o poder deve considerar, ainda, o estudo da cultura; todas as sociedades constroem regras que procuram prescrever comportamentos considerados adequados para seus membros, como construir sanções (que podem partir da ridicularização até alcançar punições legais) para direcioná-los ao cumprimento das regras.

Um modelo cultural característico em que operam relações de poder é o de parentesco: na família, cada um de seus membros tem determinados direitos e deveres que são interdependentes. Nesse contexto, formas de dominação e submissão são construídas cultural e historicamente.

Antonio Fontoura

> Segundo o filósofo alemão Jürgen Habermas (1929-), o Iluminismo se desenvolveu com a utilização de vários espaços diferentes para debates de ideias, como os salões organizados pelas *salonnières*, os cafés, as academias de ciência e, inclusive, as lojas maçônicas. Nesses diversos espaços, as ideias eram debatidas, criticadas, avaliadas, melhoradas. Por meio desses debates começou a surgir algo que Habermas denominou de *esfera pública* – conjunto de oportunidades nas quais pessoas e grupos teriam condições de debater temas importantes e de interesse coletivo, para encontrar, coletivamente, as melhores soluções para os problemas da sociedade. Esses momentos de debate permitiram a formação de uma opinião pública, que passou a influenciar as decisões dos governos.
>
> A construção da esfera pública, como pensada por Habermas, é também exemplo de como um determinado poder – aqui, o da opinião pública – é constituído histórica e culturalmente.

Além de social, o poder deve ser intencional. Isso significa dizer que uma pessoa, ou uma instituição, exerce determinado poder quando modifica, de maneira proposital, segundo o seu desejo, o comportamento de alguém. Devemos lembrar, ainda, que há diferentes tipos de poder, que são exercidos por pessoas e instituições diferentes, em distintos contextos: o poder médico é diferente do poder militar, que é diferente do poder religioso. Assim, um mesmo grupo de pessoas pode estar – e frequentemente está – submetido a diferentes esferas de poder (Bobbio; Matteucci; Pasquino, 1998). Inclusive, sob determinadas circunstâncias, os tipos de poder entram em conflito entre si (como no caso do indivíduo que alega motivações religiosas para não participar do serviço militar).

Um teórico influente em relação ao tema do poder foi Weber, para quem podiam ser identificados três tipos de poder:

1. O **poder legal**, no qual é a legislação que determina quais pessoas ou instituições exercerão certos poderes e quem estará submisso a eles.

2. O **poder tradicional**, estabelecido pela noção de antiguidade e de que "sempre foi assim".
3. O **poder carismático**, próprio do herói, do líder, do profeta, que surge da afeição que determinado indivíduo desperta.

Trata-se, porém, de tipos "puros" de poder, pois, na realidade social, eles são encontrados de forma mista.

Para o filósofo francês Michel Foucault (1926-1984), o poder seria encontrado nas relações, e não nas pessoas ou instituições. Ele estaria disperso pela sociedade, sendo um importante elemento de regulação e controle dela. Ele seria constituinte das relações sociais, e não algo que agiria sobre elas. Segundo Foucault (1980), o modelo disciplinar da sociedade contemporânea estaria tão incorporado nos indivíduos que não seria necessária uma vigilância externa para eles se comportarem de forma adequada; eles exerceriam sobre si mesmo o poder de vigilância, controle e disciplina desejado pela sociedade.

5.2.3 RAÇA E ETNIA

A biologia do século XIX desenvolveu a ideia de que existiriam diferentes raças humanas, cada uma com suas próprias características físicas e intelectuais, resultado de diferentes estágios do processo de evolução que atravessavam. Haveria, portanto, raças inferiores e superiores, fundadas em princípios biológicos, sendo o sucesso de algumas delas a comprovação de seu mais avançado desenvolvimento evolutivo. Nesse esquema, os caucasoides europeus (na opinião dos caucasoides europeus) seriam os seres humanos considerados superiores.

A ideia de *raça* foi importante instrumento de dominação colonial, bem como de justificação de desigualdades sociais. Se os europeus eram superiores aos africanos, por exemplo, justificava-se o domínio colonial; e se os brancos eram superiores aos negros, justificava-se a escravidão. É importante enfatizar que essa justificativa biológica das diferenças humanas, e o próprio conceito de "raça" aplicado a pessoas, não encontra qualquer fundamento na ciência atual. Aliás, a própria biologia passou a demonstrar, a partir do século XX, a inconsistência das afirmações sobre as diferenças biológicas humanas fundamentais.

> Define-se *etnocentrismo* a prática de se utilizar de valores e crenças da própria cultura para julgar os costumes e crenças de outros povos, comunidades ou países. Em geral, a postura etnocêntrica toma a própria cultura como superior e compreende as demais como atrasadas ou inferiores a ela.
> Para a história, o etnocentrismo pode aparecer como objeto de estudo ou como erro de historiadores. Um exemplo de seu uso como objeto de estudo: seu surgimento, no século XIX, como estratégia para justificar a dominação colonial. Naquele momento, os europeus viam as culturas de outros povos como inferiores, o que legitimava sua atuação "civilizadora".
> O etnocentrismo também pode aparecer como um erro cometido em textos históricos. Uma história nacionalista, por exemplo, é etnocêntrica, pois não só toma apenas um ponto de vista, como justifica as ações do passado em função das necessidades de uma nação.

Uma segunda ciência que contribuiu para esclarecer o equívoco do conceito de raça foi a antropologia. A partir dos estudos antropológicos, as diferenças entre os distintos grupos humanos foram cada vez mais identificadas como culturais. Assim, características que antes se acreditava serem próprias da biologia e, portanto, inatas, passaram a ser vistas como construções simbólicas, convencionais, criadas por determinado grupo e significativas em contextos específicos.

Por essa razão, o conceito de **etnia** tem sido preferido para se referir a determinadas características comuns de certos agrupamentos humanos, por estarem baseadas em sua cultura. Sendo um dado cultural, o conceito de etnia é, também, artificial e convencionalizado. Ele refere-se a grupos de indivíduos que compartilham a crença de possuírem uma origem comum e acreditam dividir determinada identidade. Assim, os membros de uma mesma etnia não necessariamente apresentariam os mesmos costumes, pois o que os diferenciaria seria sua crença em fazer parte de um mesmo grupo.

5.2.4 GÊNERO

A existência de dois sexos diferentes – o masculino e o feminino – é um dado óbvio da realidade. E, por muito tempo, acreditou-se que a existência de diferentes direitos e obrigações sociais associados a cada um desses sexos fossem consequências de suas diferenças naturais. Ou seja, as características que definiriam o que seria uma mulher feminina ou um homem masculino estariam fundadas na biologia e, portanto, na natureza.

Dessa concepção biológica decorria um grande número de consequências sociais: a mulher era considerada mais emotiva e menos racional; seu instinto materno a levava ao sacrifício; deveria se manter no espaço doméstico, considerado natural à sua biologia, e onde seria a "rainha do lar"; seria o bastião moral da família e responsável pela sua coesão; frágil e propensa à monogamia. O mesmo ocorria com o homem: seria naturalmente racional e mais corajoso do que a mulher; sua impetuosidade o levava naturalmente ao espaço público e ao mundo do trabalho; demonstrar emoções seria sinal de fraqueza; teria como função ser o provedor da família; era forte, resistente e propenso à poligamia.

Foi especialmente com o surgimento do feminismo que a naturalidade das relações sociais que envolviam os dois sexos passou a ser questionada. Se autoras como Mary Wollstonecraft, no século XVIII, e Eleanor Marx, no século XIX, já denunciavam as desigualdades sociais e culturais entre homens e mulheres, foi apenas no século XX que o movimento feminista se afirmou como influência intelectual e conquistou maior presença política.

Em 1949, a filósofa francesa Simone de Beauvoir (1908-1986) lançou o livro *O segundo sexo*, em que, famosamente, afirmou que "nínguem nasce mulher: torna-se mulher" (Beauvoir, 1967, p. 9), evidenciando o caráter socialmente construído da feminilidade. Tratava-se do resultado de uma imposição social e de um processo educativo que buscava prepará-la para o que se concebia como sendo seu lugar social "adequado": a maternidade e o lar. Para se "fazer" mulher era necessário tomar determinados cuidados com o próprio corpo, cultivar certos gostos, relacionar-se de certas maneiras com as pessoas; além de ter determinadas ambições e perceber-se impedida a possuir outras.

A antropologia ajudou a destacar o caráter arbitrário e convencional dos papéis sociais destinados a homens e mulheres. Se diferentes culturas reservavam papéis distintos para o que entendiam ser próprio do masculino e do feminino, não deveria haver relação de necessidade entre os papéis sociais e a suposta biologia dos corpos.

De que trata, portanto, o conceito de gênero? É das relações sociais que advêm as diferenças percebidas entre os sexos, tanto para a nossa sociedade atual quanto para as sociedades de outras épocas e culturas – ou seja, de como as sociedades construíram, historicamente, papéis sociais específicos os quais foram definidos como tipicamente (ou naturalmente) femininos ou masculinos.

"Diferenças **percebidas** entre os sexos" é o que foi dito acima. Como assim, *percebidas*? Afinal – poderá pensar você – as diferenças entre homens e mulheres parecem ser bastante óbvias! Mas não são: a maneira como a anatomia dos corpos é percebida apresenta, ela mesma, um componente histórico.

Foi apenas com o desenvolvimento da ciência e, especialmente da biologia, a partir do século XVIII, que se consolidou a ideia da existência de dois sexos, que seriam biologicamente diferentes e irredutíveis. O tamanho do crânio feminino tornou-se indicativo da menor capacidade intelectual da mulher e buscou-se encontrar nas particularidades da sua pélvis evidências da feminilidade, de um ser que estava destinado à gestação. Seguiu-se uma investigação minuciosa de mulheres e homens, em um amplo processo de medições, classificações e comparações, para encontrar no corpo dos dois as diferenças sexuais e as bases físicas e concretas que tinham como objetivo último legitimar a manutenção da desigualdade entre os gêneros. O homem era tomado como ser universal.

A desigualdade de gêneros levou também a uma minimização da relevância feminina nos estudos históricos. Tornadas invisíveis, a participação política das mulheres, e sua influência cultural e social foram praticamente desconsideradas por historiadores (em sua enorme maioria, homens) até tempos não muito distantes. O desenvolvimento de uma "história das mulheres", especialmente a partir dos anos 1970, tornou-se, assim, tanto uma atividade política quanto intelectual; fazia-se necessário recuperar as vozes femininas, o que implicou, em não raras vezes, a correção e mesmo a contestação de aspectos do modelo historiográfico até então dominante.

Uma última palavra sobre gênero: o conceito surgiu, como vimos anteriormente, de um questionamento da ideia de que o fator biológico determinava o que era ser homem e mulher. Assim, buscou-se demonstrar o caráter culturalmente construído das relações de gênero. Certamente, o pensamento radical de cunho biológico foi abandonado, mas deve-se evitar cair no erro radical inverso, isto é, na crença de que nada existe de biológico no ser humano, ou de que o fator biológico não importa de forma nenhuma. Esse radicalismo ignora uma enorme quantidade de estudos em história, antropologia, biologia, psicologia e sociologia que demonstram a influência da biologia na conformação dos gêneros. Não se deve retornar ao determinismo biológico. Mas não se pode, por medo dele, propagar a ficção de que o ser humano é uma *tábula rasa*, na qual só a cultura escreve.

5.2.5 Cultura

Dá-se o nome de *cultura* ao conjunto de crenças, costumes e visões de mundo de uma determinada sociedade. É cultural tudo aquilo que é aprendido por uma pessoa com base em sua inserção social, como sua língua, suas crenças religiosas, suas maneiras de entender os sistemas de parentesco, seus modos de comportamento social, suas práticas culinárias, suas vestimentas, sua organização econômica etc.

A ideia de *cultura* relaciona-se intimamente com o conceito de **símbolo**: aquilo que representa algo por meio de associação. Essa associação, por sua vez, é construída histórica e culturalmente pelos costumes de um povo. Podemos pensar em uma mão cerrada com o polegar para cima; ela passa a ideia de *positivo*. Já uma piscadela pode representar uma *concordância*. Trata-se, assim, de exemplos de símbolos, afinal, não há nada no próprio polegar que indique a ideia de positividade, ou no próprio olhar que indique que uma pessoa está de acordo com algo. É apenas por convenção que estabelecemos essas relações. Diz-se, por isso, que a cultura é simbólica e, portanto, construída com base em convenções. Assim, os significados da realidade são construídos utilizando-se, fundamentalmente, de símbolos: bandeiras, linguagem, gestos e sinais de trânsito são símbolos que carregam em si uma multiplicidade de significados.

Lidamos com conceitos que apresentam um grande número de definições, algumas delas inclusive contraditórias entre si. Isso não vale apenas para a história, mas para as ciências humanas, que se utilizam de alguma maneira da ideia de *cultura* e buscam considerá-la em suas análises.

Ainda nos anos 1950, os antropólogos Alargo Louis Kroeber (1876-1960) e Clyde Kluckhorn (1905-1960) encontraram mais de 100 definições para o termo *cultura* em inglês (Kroeber; Kluckhorn, 1952). Desde então, fala-se em *cultura brasileira* ou *cultura ocidental*; diz-se que uma determinada empresa tem sua própria cultura, da mesma forma que o Brasil tem uma *cultura do futebol*; há campanhas públicas de estímulo à cultura, além de grupos culturais, eventos culturais, espaços culturais, tradições culturais.

Durante muitos anos, o termo *cultura* usado em história referiu-se às artes plásticas, à música sacra, à literatura. Estaria, assim, relacionado à erudição de uma elite e seria o que de melhor uma sociedade poderia produzir intelectualmente. Esse é um sentido que ainda existe no português, quando definimos alguém como *inculto*, ou seja, alguém que não possui determinado tipo de cultura ao qual se dá valor. Ser culto, nesse sentido, seria escutar Villa-Lobos, recitar Augusto dos Anjos, admirar Pedro Américo. Posteriormente, o conceito ampliou-se e passou a abranger a cultura das camadas populares, como sua música e literatura (no Brasil, a literatura de cordel, por exemplo), além de práticas e conhecimentos como os da medicina popular. Gradualmente, o conceito se ampliou ainda mais e passou a incluir, também, artefatos – como ferramentas, objetos religiosos, objetos cotidianos – e práticas – como rituais, jogos, técnicas de trabalho, brincadeiras.

O conceito de *cultura* utilizado majoritariamente por historiadores na atualidade vem da antropologia. Trata-se de um conceito amplo e que abrange, como descreveu o antropólogo polonês Bronislaw Malinowski (1884-1942), "as heranças de artefatos, bens, processos técnicos, ideias, hábitos e valores" (Malinowski, 1922, citado por Burke, 2008, p. 43). *Cultura* deixou de significar algo que alguns têm e outros não, ou que existe em formas mais ou menos valiosas, para significar as formas simbólicas pelas quais as pessoas organizam e reproduzem a própria realidade. Nesse sentido, as crianças que nascem tendem a ser inseridas no contexto cultural já existente.

De todo modo, o essencial desse conceito de cultura é o caráter simbólico, convencionado e aprendido. A cultura, assim, não é determinada pela geografia (grupos vivendo em regiões semelhantes podem ter culturas absolutamente diferentes) ou pela biologia (será totalmente *curitibana* – o que quer que isso signifique – uma criança nascida em qualquer lugar do mundo, mas criada em Curitiba). Nesse sentido, não existe pessoa sem cultura, pois todas estão imersas em determinada realidade social e histórica desde seu nascimento e se desenvolvem dentro dela.

É por essa razão que os atos e as crenças dos indivíduos devem ser, em um primeiro momento, compreendidos dentro dos significados próprios de sua cultura. E é a isso, aliás, que damos o nome de *relativismo cultural*. Trata-se da ideia de que não existem culturas superiores a outras, mas cada uma possui um sistema simbólico próprio para compreender a realidade e orientar as ações dos indivíduos. Assim, a compreensão de um ritual, de uma prática, de uma lenda, de um trabalho, enfim, de qualquer dado de uma sociedade, deve ser feito, em primeiro lugar, inserindo-o dentro da lógica daquela cultura.

Um exemplo histórico é o ritual da "venda de esposas" que existiu na Inglaterra do século XVII ao XIX. Nele, o marido levava a própria esposa ao mercado amarrada a uma corda, anunciava sua venda e a leiloava, seguindo o modelo da venda de animais. Todo o evento era marcado por risos e deboches em direção ao casal até a sua conclusão, quando a esposa (agora "ex-esposa") vendida era cedida ao seu comprador. Tratava-se de um ritual realizado pela população pobre e rural, mas desprezado pela elite do período, que o considerava bárbaro.

Edward Thompson demonstrou, porém, que, para compreendermos esse ritual, é necessário inseri-lo dentro de seu contexto histórico e dos significados culturais da sociedade do período. Segundo Thompson, a venda de esposas era, na verdade, uma espécie de divórcio popular, reconhecido pela população local como uma prática válida para encerrar um casamento. As quantias pelas quais a mulher era "vendida" eram usualmente irrisórias e, muito frequentemente, o "comprador" era, na verdade, alguém com quem a mulher já vivia, sendo a venda necessária para ratificar publicamente um fato já consumado. Um casamento conturbado poderia ser encerrado da mesma forma, com parentes comprando a esposa.

O caso da venda de esposas é apenas um dos inúmeros exemplos que confirmam uma famosa frase do escritor britânico Leslie Poles Hartley (1895-1972): "o passado é um país estrangeiro; eles [seus habitantes] fazem as coisas de forma diferente lá" (Hartley, 1953, citado por Arnold, 2000, tradução nossa). De fato, o estudo do passado deve considerar que, em diferentes sociedades e períodos históricos, as pessoas estruturavam e compreendiam o seu mundo com base em diferentes concepções culturais. Assim, estudamos como determinados atos ou crenças foram constituídos, como foram associados a significados e valores, como passaram a direcionar decisões ou visões de mundo. A chamada *história cultural*, que discutiremos com mais profundidade no próximo capítulo, preocupa-se exclusivamente com esse conjunto de questões.

Confrontando a afirmação de Hartley, outro escritor, o britânico Douglas Adams (1952-2001), escreveu: "o passado [...] é agora realmente um país estrangeiro. Eles fazem as coisas da mesma forma lá"

(Adams, 2009, p. 113). Para esse autor, diferentes culturas e diferentes passados podem ser profundamente diferentes, mas não irreconhecivelmente diferentes. Se fossem totalmente únicos e singulares, seriam indecifráveis para nós. Mas a própria existência da antropologia prova que a total singularidade não existe, afinal, antropólogos conseguem se fazer compreender em diferentes culturas e transmitir suas descobertas para leitores de seus países de origem. O conceito de cultura auxilia a história, portanto, a compreender o passado como um mundo em que conviviam, comparados a nós, o estranho e o familiar (Arnold, 2000).

5.2.6 IDENTIDADE E ALTERIDADE

Temos uma identidade oficial, registrada na carteira de identidade: lá está nosso nome, nossa data de nascimento, uma foto horrível de alguém que se parece muito conosco, além de nossa assinatura. A digital estabelece uma indelével relação entre aquela identidade e nosso corpo. O RG é um documento que comprova a nossa existência legal, pois se trata de nosso "eu burocrático", de nosso *self* estatal.

O problema mais amplo do conceito de identidade, porém, não se resume à existência de certidões públicas, ainda que participem de sua construção, mas abrange formas pelas quais as pessoas compreendem a si mesmas – que chamam de seu *eu* –, bem como as maneiras pelas quais grupos humanos constroem para si identidades culturais ou étnicas. Além disso, esses processos, envolvem contextualização histórica e relacionam-se a disputas de poder e participação social. Outro ponto importante é o fato de eles, implicitamente, referirem-se àquele "não eu" do qual nos diferenciamos para nos identificar – "o outro".

Para a melhor compreensão do assunto, neste momento vamos abordar três temas, todos relacionados ao conceito de identidade: a identidade pessoal, a identidade de grupo e a questão da alteridade, ou seja, do outro.

Desde a Idade Média, pensadores preocupam-se em identificar o que determina a construção de uma **unidade do eu** ao longo do tempo. Isto é, como se constrói uma ideia de identidade de algo que muda tão profundamente quanto uma pessoa: muda seu corpo de criança à velhice, mudam suas experiências, muda inclusive o funcionamento de seus sentidos. De que forma, portanto, há uma identidade, uma unidade nesse processo?

Uma das soluções foi dada pelo filósofo francês René Descartes (1590-1650) quando afirmou que "Penso, logo existo" (Descartes, 2011, p. 38) – *cogito, ergo sum*. Essa formulação se baseava em uma determinada noção de *eu* comum no século XVII: a identidade seria algo imutável e o ser pensante (o indivíduo racional), uma entidade estável durante toda a sua vida. Afinal, para Descartes, estando o corpo e o espírito separados, o primeiro poderia mudar, mas o segundo – o espírito – seria o mesmo ao longo do tempo. Sem dúvida, o ser em questão teria experiências, poderia mudar de opinião, acertar ou cometer erros, mas nada disso mudaria o seu *eu*, permanecendo sua identidade a mesma.

Posteriormente, foi contestada a ideia de que a identidade do *eu* fosse, em primeiro lugar, algo único e, em segundo, imutável. O sociólogo francês Émile Durkheim (1858-1917) procurou demonstrar que a noção de *individualidade* era uma noção cultural e, assim, era a sociedade que construía indivíduos, e não o oposto. Para o sociólogo canadense Erving Goffman (1922-1982), a ideia de *eu* era resultado de determinadas interações sociais, modificando-se conforme o momento, o contexto ou o interlocutor: diferentes *eus* atuariam em diferentes contextos. Por sua vez, o filósofo Michel Foucault (1926-1984) afirmava que a identidade era construída dentro de determinados discursos que refletiam concepções de poder.

De toda forma, a ideia de identidade pessoal, o *eu* percebido como imutável, deve organizar todas as experiências corporais e psicológicas que tivemos em toda a nossa vida. Nesse sentido, ela não é fixa; modifica-se ao longo do tempo e é influenciada por determinada narrativa que construímos sobre nós mesmos. O resultado do que somos hoje seria a consequência de um determinado enredo que ordenamos com base em nossas experiências, em nossas vivências do passado.

Socialmente, o conceito de identidade pode ter diferentes sentidos, embora todos partam do sentimento comum de pertencimento a determinado grupo, tradição, localidade, incentivando e reforçando a coesão social. Pode se referir a grupos menores, como a família, os moradores de uma vila, os membros de uma religião, mas também pode representar uma associação com determinada etnia, de compartilhamento de uma história e, mesmo, de expectativa de vivências semelhantes, como ocorre com a identidade negra. Há, ainda, a possibilidade de se constituir em identidades religiosas, ou ser tão ampla como identidades nacionais ou ainda maiores, como acontece, por exemplo, com a "comunidade" europeia.

A noção de **identidade de um grupo** varia historicamente e pode estrategicamente construir tradições que visem à criação de uma ideia de antiguidade (observamos isso no capítulo sobre memória, quando estudamos a invenção das tradições). A invenção dessa identidade pelos Estados nacionais constrói o que o historiador irlandês Benedict Anderson (1936-2015) definiu como *comunidades imaginadas*. Assim, as pessoas imaginam fazer parte de uma determinada nacionalidade, bem como possuir certas características culturais que as definiriam como brasileiras, francesas ou inglesas.

Além disso, as comunidades tendem a estabelecer suas identidades por características que as diferenciam das formas pelas quais o outro é percebido. Começamos, assim, a discussão sobre alteridade, última parte dessa seção.

A **alteridade** refere-se à criação de um determinado *outro*, sobre o qual projetamos concepções para afirmar a nossa própria identidade. O outro pode ser construído de forma mais ou menos ficcional, ser mais ou menos baseado na realidade. Se o outro é identificado como *bárbaro*, isso nos definirá como *civilizados*; se o outro é *supersticioso*, seremos *racionais*; se é *atrasado*, seremos *desenvolvidos*. Um exemplo dessa relação está no termo *orientalismo*. O filósofo árabe palestino, nascido em Jerusalém, Edward Said (1935-2003), utilizou-se do termo para designar a cultura do Oriente – pensado como fabuloso, exótico e sensual – como uma criação do Ocidente. Por contraposição ao outro oriental inventado em obras literárias, músicas e artes plásticas, especialmente europeias, o Ocidente reafirmava sua própria identidade na qualidade de um mundo racional e desenvolvido.

A projeção da inferioridade ou da selvageria de um outro inferiorizado não apenas foi utilizada como afirmação de determinada identidade, mas também para justificar atitudes imperialistas de alguns países, que passavam a ser representadas como atos de bondade, ao levarem a sua suposta civilização àqueles considerados atrasados.

Antonio Fontoura

Figura 5.3 – Nossa pátria abençoada × Aqueles desertos bárbaros

![Figura 5.3: charge de Tom Gauld contrastando dois lados de um rio. À esquerda, sob o título "NOSSA PÁTRIA ABENÇOADA", rótulos apontam para "NOSSO GLORIOSO LÍDER", "NOSSA GRANDE RELIGIÃO", "NOSSO NOBRE POVO" e "NOSSOS HERÓICOS AVENTUREIROS". À direita, sob o título "AQUELES DESERTOS BÁRBAROS", rótulos apontam para "AQUELE DÉSPOTA PERVERSO", "AQUELA SUPERSTIÇÃO PRIMITIVA", "AQUELES BÁRBAROS ATRASADOS" e "AQUELES INVASORES BRUTAIS". Tom Gauld; tradução nossa.]

Como na charge de Tom Gauld (Figura 5.3), o "nosso" valor deve ser lembrado e enaltecido, criando uma diferenciação em relação aos outros. Esses "outros" podem ser um país diferente, outras culturas ou etnias, ou mesmo um determinado passado, que "nós" – o "nosso" presente – teríamos superado.

Assim, historiadoras e historiadores relacionam-se com aquele outro (o passado) no qual buscam identificar semelhanças e diferenças, com base em vestígios deixados pelos documentos que, por serem do "outro" (o passado), são dignos de análise histórica, porque não pertencem a "nós" (o presente): são diferentes de nós e podem esclarecer mais sobre quem somos justamente por essa dessemelhança.

5.2.7 REPRESENTAÇÕES

O conceito de **representação** nos ajuda a compreender de que maneira uma sociedade é organizada simbolicamente e de que modo diferentes grupos apreendem, utilizam e participam dessa organização. Esse conceito surgiu, inicialmente, na sociologia como "representação coletiva", desenvolvido por Émile Durkheim e Marcel Mauss (1872-1950) em seus estudos sobre religiosidade. Uma representação coletiva seria formada pelos valores, pelas crenças e pelas ideias formadas por uma determinada coletividade para compreender e organizar o mundo à sua volta. Durkheim e Mauss afirmam que as representações coletivas apresentam determinada força de autoridade, ou seja, pela forma como a comunidade é entendida ("representada"), determinados comportamentos são estimulados, enquanto outros são inibidos ou, mesmo, proibidos.

O historiador Roger Chartier (1945-) desenvolveu o conceito de representação com o objetivo de compreender como as sociedades organizam a realidade com base em determinadas representações. Mas como isso acontece?

- **Em primeiro lugar**, diferentes grupos formam uma sociedade; e cada um desses grupos organiza – isto é, representa – essa sociedade de modo diferente.
Observe a Figura 5.4.

Figura 5.4 – Representação do matrimônio no século XVII

Fonte: Ripa, 1613, p. 22.

Essa representação do matrimônio foi produzida no século XVII, por Cesare Ripa, que viveu na região de Perugia, localizada hoje na Itália. Trata-se de uma alegoria, ou seja, de uma imagem que procura sintetizar ideias e conceitos complexos a quem a observa. Mas como Ripa procurou representar a ideia de *matrimônio* considerando-se os elementos presentes na figura?

Utilizando-se do conceito de representação: o casamento é representado como um homem jovem que tem uma canga (peça usada para prender os bois à carroça) no pescoço os pés presos por um pedaço de maneira – segundo Ripa, ambos representariam as "perdas de liberdade ao se submeter aos humores caprichosos de uma mulher" (Ripa, 1613, p. 22, tradução nossa). Em sua mão direita, segura um marmelo, representando a fecundidade e o amor mútuo, e esmaga uma víbora sob os pés, de forma a representar todos os pensamentos sem valor dados pela mulher e contrários às suas promessas.

Várias são as concepções de casamento que Ripa expõe em sua alegoria. Acredita, por exemplo, que é algo que "prende" o homem e que este se vê submetido ao que seriam os caprichos femininos. Ainda que o amor desempenhe um papel no matrimônio, o que se destaca nessa representação é sua visão depreciativa a respeito das mulheres e uma concepção negativa do casamento, entendido como o oposto da liberdade.

A representação de Ripa, portanto, traz consigo determinadas ideias a respeito do que são os homens e as mulheres, certas concepções a respeito da sociedade e, particularmente, do casamento, visto como uma espécie de prisão a que o homem se vê submetido.

- **Em segundo lugar**, as representações objetivam construir um determinado significado para o próprio grupo. Assim, é a forma pela qual os grupos veem a si mesmos e como, portanto, querem ser vistos.

As representações são sempre coletivas, sociais, comunitárias. Nesse sentido, as formas de representação também ajudam na construção da identidade desses grupos. Uma pessoa assume ter as características que são consideradas próprias de seu grupo e procura difundir essas características, isto é, tenta fazer com que as demais pessoas também entendam o grupo daquela forma. Representar a si mesmo significa diferenciar-se dos demais. Na Idade Moderna, eram chamados de *heréticos* aqueles que não seguiam a doutrina oficial católica, ou seja, ao não adotarem a crença oficial, eles eram "o outro". Um segundo exemplo pode ser buscado na medicina do século XIX: as perversões sexuais foram definidas em contraposição à sexualidade considerada normal. Havia uma diferenciação clara entre o saudável ("nós") e o patológico ("os outros").

- **Em terceiro lugar**, os grupos, na medida do possível, utilizam-se de formas institucionalizadas para difundir suas ideias de representação. Dessa forma, empregam meios que estão à sua disposição – como publicação de revistas, programas de televisão, palestras, aulas, cultos, *sites* da internet etc. – para difundir a forma como compreendem o mundo, a si mesmos e aos outros.

Devemos estar atentos ao fato de que difundir uma determinada maneira de entender o mundo é também uma busca por ordená-lo. Podemos tomar os recentes debates, no Brasil, sobre o conceito de família. Grupos conservadores ligados a movimentos religiosos procuram difundir sua representação de família seguindo um modelo baseado na heterossexualidade, na monogamia e na indissolubilidade da relação. São elementos essenciais para a noção que eles têm de família. Movimentos ligados a direitos de homossexuais disputam essa visão, defendendo sua própria representação, que, por exemplo, contesta a presença da heterossexualidade como elemento fundamental. Percebemos, assim, que disputas por representações são, igualmente, disputas de poder.

Escolas históricas: estruturalismos

A denominada *filosofia estruturalista* surgiu no início do século XX na linguística, com a publicação em 1916 do *Curso de linguística geral*, do suíço Ferdinand de Saussure (1857-1913). Segundo Saussure, os fatos da linguagem deveriam ser compreendidos não como elementos independentes entre si, mas em uma estrutura, com mútuas relações de solidariedade e dependência. Esse princípio foi incorporado à antropologia e aplicado ao estudo das culturas humanas. Segundo a concepção estruturalista, os fenômenos sociais deveriam ser compreendidos como sistemas de símbolos, cujos significados seriam buscados nas relações estabelecidas entre seus vários elementos.

A ideia de "cru", por exemplo, não teria sentido em si mesma, mas apenas quando em sua relação com a de "cozido" (se você não tiver a ideia de "cozido", não fará qualquer sentido falar que algo está "cru"). Esses dois termos, portanto, relacionam-se e definem-se mutuamente. Se adicionarmos, ainda, a ideia de "podre", poderemos entender como esses três termos formam um pequeno sistema, sendo que o entendimento de um estará ligado necessariamente à relação que estabelece com os outros dois.

O pensamento estruturalista tornou-se extremamente influente na Europa. Todas as ciências humanas, de formas mais ou menos profundas, revisaram seus conceitos com base em princípios estruturalistas. A disciplina de História também foi influenciada, ainda que não tenha sido construída, verdadeiramente, uma escola histórica estruturalista propriamente dita. Um filósofo que influenciou, e ainda influencia, os estudos históricos foi Michel Foucault, que, embora recusasse o rótulo de *estruturalista*, foi bastante influenciado por esse sistema de pensamento.

O principal pensador do estruturalismo foi o antropólogo francês Claude Lévi-Strauss (1908-2009), para quem a história era deficiente na produção de conhecimento, tanto pela fragilidade de seus métodos quanto pela abrangência de seu suposto campo de estudo. Respondendo a Lévi-Strauss, o historiador Fernand Braudel afirmou que a história já fazia uma análise estrutural desde o início do século XX, porém não compreendia as estruturas como estáticas, mas construídas historicamente. Além disso, Braudel defendia a existência de diferentes temporalidades (as três temporalidades que já discutimos algumas vezes neste livro), e não apenas uma estrutura maior que fosse determinante.

Antonio Fontoura

Síntese

Conceitos são recursos fundamentais à pesquisa e necessários à construção de um conhecimento rigoroso para se analisar o passado. Não existe história sem atuação da historiadora ou do historiador. Baseando-se em um determinado problema, selecionam-se os documentos e identificam-se os fatos para melhor estudá-lo. Estes serão analisados com base em questões bem definidas, dentro de um recorte cronológico adequado e utilizando-se de ferramentas bem estabelecidas: os conceitos.

Um conceito é sempre uma determinada abstração da realidade. Ou seja, é uma ideia que procura organizar os dados empíricos em uma explicação que seja a mais abrangente possível, além de fundada na racionalidade. Um conceito será considerado útil quando, ao comparar eventos ocorridos em diferentes épocas e lugares, conseguir não apenas salientar semelhanças e diferenças entre eles, mas auxiliar na sua compreensão.

A história trabalha com um conjunto bastante grande de conceitos, oriundos dos próprios estudos históricos e de outras disciplinas. Quanto mais bem definido for um conceito, melhor serão as explicações que ajudará a construir e mais rigoroso o conhecimento histórico produzido.

Atividades de autoavaliação

1. Assinale verdadeiro (V) ou falso (F) para as afirmações que seguem. Depois, marque a alternativa que apresenta a sequência correta:
   ( ) O objetivo da utilização de conceitos é a construção de modelos teóricos que possibilitem a explicação de tudo o que ocorreu no passado, com base em um rigor metodológico.

( ) Todas as ciências reduzem a realidade para torná-la inteligível, inclusive disciplinas como Física, Química ou Biologia apresentam dificuldades em construir explicações de eventos altamente complexos.
( ) O passado não é vivido como uma narrativa. São historiadoras e historiadores que, analisando o passado, constroem modelos interpretativos que são, ao fim, chamados de *história*.
a) V, F, V.
b) V, V, F.
c) F, V, V.
d) F, V, F.

2. Assinale verdadeiro (V) ou falso (F) para as afirmações que seguem. Depois, marque a alternativa que apresenta a sequência correta:
( ) O fato de a história não poder produzir, como outras ciências, experimentos laboratoriais, limita a possibilidade de seu conhecimento e a impele a simplesmente a narrar e a descrever os eventos do passado.
( ) A história não trabalha com a análise de eventos que são sempre únicos, mas com o intuito de compreender as semelhanças e as diferenças em eventos que são particulares.
( ) A história trabalha sempre com explicações probabilísticas, ou seja, não existe determinação nas causas ou nos modelos construídos pelos historiadores. O passado sempre deve ser pensado como aberto a possibilidades.
a) F, V, V.
b) V, V, F.

c) V, V, V.
d) F, V, F.

3. Sobre o conceito de *experiência*, para Edward Thompson, é correto afirmar:

   a) É resultado de uma concepção ortodoxa do materialismo histórico, no qual a ideologia de uma classe (no caso, o proletariado) é definida com base na infraestrutura produtiva.

   b) Refere-se às memórias dos trabalhadores em seus primeiros momentos nas fábricas, às reações que tiveram diante da adoção de grandes máquinas e às condições de vida que construíram por meio dos próprios ganhos.

   c) Associa-se ao conceito de representação de Chartier, por permitir o ordenamento da realidade com base em certas experiências vividas que, independentemente da realidade material, constroem determinado sentido para o mundo.

   d) Faz parte do processo de construção de uma consciência de grupo, que dialoga com as condições materiais de existência. O que as pessoas experimentam é utilizado como conhecimento e motivação para a ação social.

4. Segundo o historiador estadunidense Thomas Laqueur (1945-), durante o Renascimento, não se acreditava que havia dois sexos, masculino e feminino, totalmente diferentes entre si, como hoje se acredita. Claro que se sabia que havia diferenças fundamentais entre homens e mulheres, mas, à época, acreditava-se que o corpo feminino era uma versão inferior do corpo masculino. Não existia a concepção da existência de dois sexos biologicamente diferentes, mas apenas um corpo com diferenças de grau. Mesmo na dissecação de corpos, diante da

evidência concreta, a realidade era lida segundo as concepções próprias de suas memórias: o órgão reprodutor feminino era visto como mera versão do masculino. A vagina era vista como um pênis invertido, e os ovários na mulher correspondiam aos testículos no homem (Laqueur, 2001). Esse tipo de concepção é melhor explicada pelo conceito de:

a) classe social, por se constituir em uma oposição entre um grupo dominador – no caso, o masculino – e um dominado – o feminino –, sobre os quais eram lançados determinados valores oriundos de diferentes ideologias.

b) poder, pois as diferenças físicas são, desde o Renascimento, resultados de determinados discursos médicos impostos aos corpos, oriundos de certas concepções a respeito de ciência, feminilidade e masculinidade.

c) raça, pois, nesse momento, haveria apenas a identidade de um único grupo – os europeus brancos –, que se diferenciariam entre si com base em construções culturais específicas. O apelo às diferenças corporais entre homens e mulheres antecipou as teorias racialistas do século XIX.

d) gênero, que considera as concepções a respeito dos corpos e da sexualidade como resultados de concepções culturais. Assim, as diferenças percebidas entre os corpos são inseridas dentro de determinadas concepções simbólicas já existentes.

5. Leia, com atenção, o trecho a seguir, escrito pelo filósofo Michel Foucault:

Para mim, o ponto principal do projeto [de escrever a "História da sexualidade"] baseia-se em uma reelaboração da teoria do poder. [...] Entre cada ponto de um corpo social, entre um homem e uma mulher, entre os membros da família, entre um mestre e seu pupilo, entre cada um que sabe e cada um que não sabe, existem relações de poder. (Foucault, 1980, p. 187, tradução nossa)

Sobre o conceito de poder de Foucault, é correto afirmar:

a) Trata-se de uma concepção que pensa o poder de forma fundamentalmente jurídica e o imagina uniforme em toda a sua estrutura. Assim, o rei estaria para o país como o pai está para a família.

b) Foucault concorda com uma visão de poder ainda dominante nas ciências humanas, que o define por sua negatividade: poder é aquilo que censura, limita e proíbe.

c) Trata-se de uma concepção pontual, jurídica e unitária de poder, associada ao modelo de constante vigilância próprio das prisões.

d) Não há pessoa que efetivamente "tenha" ou "possua" poder, mas uma posição em uma determinada rede complexa, múltipla e mutante que dota um indivíduo com determinado poder.

Atividades de aprendizagem

Questões para reflexão

1. A imagem a seguir foi produzida na França do século XVIII e apresenta um idoso, parte da população comum do país, carregando em suas costas um homem do clero e outro da nobreza.

Figura 5.5 – As três ordens do estado francês

A faut esperer q'eu se jeu la finira bentot. 1789. 1 impressão: gravura a água-forte. Coleção: French Political Cartoon Collection, Library of Congress Prints and Photographs Division Washington.

Utilizando-se do conceito de **representação**, procure explicar por que esta imagem pode ser entendida enquanto uma representação da sociedade francesa do século XVIII.

2. Leia com atenção o texto a seguir, extraído do jornal estadunidense *The New York Times*, de 1906, sobre a situação de Ota Benga, que era exposto na jaula dos macacos. Pertencente ao povo Mbuti, do grupo étnico pigmeu, Ota foi comprado no Congo para ser exposto nos Estados Unidos.

Antonio Fontoura

Nós não entendemos toda esta emoção que alguns estão expressando em relação a este assunto. É um absurdo tanto barulho sobre uma imaginária humilhação e degradação que Benga estaria sofrendo. Os pigmeus estão muito abaixo na escala humana, e a sugestão de que Benga deveria estar na escola em vez de numa jaula ignora a alta probabilidade de que a escola seria um lugar onde ele não tiraria qualquer vantagem. A ideia de que todos os homens serão iguais se tiverem educação é hoje fora de moda. (The New York Times, 1906, citado por Spiro, 2008, p. 48, tradução nossa)

Partindo dos conceitos de **raça** e **etnia**, discuta os argumentos utilizados pelo jornal para justificar o tratamento dado a Ota Benga.

Atividade aplicada: prática

De forma mais ou menos explícita, os livros didáticos de história trabalham com conceitos que fundamentam seus argumentos e direcionam a leitura dos eventos históricos. Procure identificar, em um livro didático de sua preferência, ao menos três conceitos, explicitando como são utilizados para ajudar a construir a análise histórica.

Capítulo 6
Narrativa e formas de
abordagens do passado

A escrita é o último trabalho da historiadora ou do historiador. Após feita a pesquisa, consultadas as fontes, analisados os documentos, confirmadas ou rejeitadas as hipóteses, é o momento de apresentar os resultados do trabalho. O papel da teoria, aqui, continua importante. Neste capítulo, examinaremos dois grupos de temas relacionados à apresentação final de uma pesquisa histórica. Em primeiro lugar, debateremos as questões relacionadas à narrativa e suas implicações na objetividade do trabalho histórico. Em segundo, vamos estudar alguns dos campos atuais nos quais os trabalhos históricos são organizados.

(6.1)
A NARRATIVA EM HISTÓRIA

A seguir (Figura 6.1) você tem uma sequência de eventos retratada em uma pequena história em quadrinhos.

Figura 6.1 – Um homem de chapéu entra no bar

Não é difícil construir uma narrativa ao lermos os textos das imagens: um homem de chapéu entra no bar e é confrontado por um sujeito mal encarado. Após uma breve luta, o homem de chapéu está desacordado: parece-nos claro que o sujeito mal encarado foi o agressor.

Se mudássemos o quarto quadrinho, construiríamos uma narrativa diferente (Figura 6.2).

Antonio Fontoura

Figura 6.2 – Um homem de chapéu entra novamente no bar

Agora, a narrativa poderia ser o adorável registro de dois amigos ou namorados que se encontram, e as demonstrações de afeição do segundo homem foram além do que o homem do chapéu conseguiu suportar. É interessante notar como os mesmos eventos possibilitaram interpretações diferentes para as ações dos personagens.

Poderíamos, ainda, adicionar uma nova imagem e construir uma nova narrativa (Figura 6.3).

Figura 6.3 – Um homem de chapéu entra mais uma vez no bar

Com a imagem em close de uma casca de banana, toda narrativa ganha um novo significado. Trata-se, agora, apenas de alguém descuidado ou azarado, que sofre um acidente ao entrar no bar.

Temos aqui três bons exemplos do que tratam, em geral, as narrativas. Elas estão relacionadas a um enredo, em que fatos e personagens, encadeados de forma lógica e retórica, levam a uma determinada consequência ou conclusão. Essa conclusão pode ser determinada, ou seja, necessária; ou, pode ser provável, resultado de uma ou várias escolhas. Em cada uma das situações, a imagem do homem de chapéu deitado ao chão transmite uma mensagem diferente. No primeiro caso, está desmaiado como resultado de uma agressão; no segundo, foi atordoado pela amizade ou pela paixão excessiva; no terceiro, foi vítima de um acidente banal.

Encadeando logicamente os quadrinhos, cada narrativa explica o que aconteceu, ao final, com o homem de chapéu. Isso porque, em nosso dia a dia, utilizamos frequentemente a narrativa como uma forma de explicar as razões de um evento. "Por que você chegou atrasado?", perguntou o professor. "Porque o alarme não soou e, com isso, não consegui pegar o ônibus na hora certa". Essa capacidade explicativa da narrativa é bastante comum em livros de mistério que envolvem assassinatos: a solução do crime é geralmente apresentada em forma de narrativa, após apresentadas as evidências reunidas, colocadas em contextos e dentro de uma adequada cronologia.

Por transmitir determinado enredo e fornecer uma explicação, a narrativa foi utilizada, durante muito tempo, como a principal forma de construção de textos históricos. Leia, a seguir, um trecho extraído de um livro didático de história de 1930.

Governava o Brasil a rainha de Portugal, D. Maria I. Como sempre, naquele tempo, nosso país era sacrificado pela metrópole, que mais tratava locupletar-se à custa da colônia, do que de desenvolvê-la. Isso fez com que se formasse em Minas Gerais uma conjuração, com o fim de tornar o Brasil independente de Portugal. (Silva, 1930, p. 103)

Vamos esquecer, por um momento, quaisquer erros factuais e juízos morais que esse pequeno trecho apresenta. Repare que os fatos do passado são selecionados de determinada maneira e encadeados em uma narrativa de modo a produzir uma conclusão. Assim, o Brasil era uma colônia (evento 1), e como Portugal só o explorava e não o desenvolvia (evento 2), formou-se uma conjuração em Minas Gerais (conclusão).

Antonio Fontoura

Trata-se de uma narrativa que tenta explicar a Inconfidência Mineira tendo como única causa o fato de o Brasil ser explorado por Portugal. Há vários problemas com essa narrativa: se a exploração colonial foi causa suficiente para criar uma revolta, por que ela ocorreu apenas em Minas? Além disso, a exploração colonial já existia há quase três séculos naquele momento. Então, por que a Inconfidência teria ocorrido só em 1792?

Esse exemplo mostra um dos principais problemas com relação ao uso da narrativa em história. Ao se selecionar determinados eventos do passado (o Brasil era uma colônia explorada), fica implícita determinada conclusão (o surgimento da Inconfidência). Isso pode levantar questões sobre a validade das explicações históricas: Não seria possível selecionar outro conjunto de fatos para construir uma narrativa que levasse a uma conclusão totalmente diferente? Vimos, no caso de nosso homem de chapéu, que algumas poucas mudanças alteraram a narrativa como um todo.

É por isso que podemos falar, por exemplo, da construção de uma "narrativa do progresso", ou da "narrativa de uma nação": os fatos do passado são selecionados e organizados, de maneira retórica, para demonstrar que o progresso é inevitável, ou que um país está destinado à grandeza. Determinados usos da narrativa levam os eventos do passado a serem representados como se tivessem um objetivo, um propósito.

Esses usos narrativos foram fortemente influenciados pelo modelo tradicional, do século XIX, de se pensar a história. Sem análises ou preocupação com amplos contextos, com poucos conceitos definidos, confiava-se na busca pelos fatos para a manutenção de sua objetividade. Nessa perspectiva, acreditava-se que a influência da narrativa estava "neutralizada" pelo método que se imaginava objetivo.

Críticas à narrativa, porém, já existiam desde o século XVIII, quando Voltaire denunciava os problemas do modelo de texto histórico utilizado à época. Mas foi nas primeiras décadas do século XX que essas críticas se ampliaram. Na Inglaterra, historiadores como Lewis Narmier (1888-1960) e R. H. Tawney (1880-1962) afirmavam que a história deveria se concentrar em analisar estruturas. Na França, Lucien Febvre e Fernand Braudel criticavam o modelo narrativo porque ele dava ênfase às ações de certos indivíduos, à concepção linear de acontecimentos e à desvalorização, quando não ao esquecimento completo, dos contextos. Para os franceses da escola dos Annales, os historiadores deveriam se concentrar em revelar os aspectos mais profundos da história (Burke, 1992a).

O debate sobre a narrativa ressurgiu em finais dos anos 1970, quando o historiador inglês Lawrence Stone (1919-1999) afirmou reconhecer, no período, um ressurgimento da narrativa. Isso seria resultante de um descontentamento com o modelo dito "científico" de história feita naquele momento, baseada em números, com ênfase na demografia e na construção de leis gerais, por meio, especialmente, de gráficos, tabelas, séries e dados estatísticos (Burke, 1992a).

Enfim, se o passado pode ser selecionado para construir uma narrativa que concorde com as convicções pessoais da historiadora ou do historiador, qual a legitimidade desse conhecimento?

Essa é uma das razões pelas quais o historiador francês Paul Vayne (1930-) acredita que a história serviria apenas como uma simples curiosidade (Chartier, 2002). Isso porque a narrativa construída por historiadoras e historiadores não teria relação com a realidade, mas seria resultado de escolhas, opções e motivações daquele que narra, e teria como primeiro objetivo reorganizar fatos selecionados do passado em um determinado enredo compreensível. O filósofo francês Paul Ricoeur (1913-2005), por sua vez, concordava que a história é uma construção, na forma de uma intriga, dos acontecimentos passados. Para ele, há um determinado pacto de verdade estabelecido entre o leitor e os historiadores, e que tanto as citações quanto o uso de evidências são recursos retóricos para reforçar a autoridade do pesquisador e satisfazer esse pacto.

6.1.1 OS RISCOS DA NARRATIVA

A seguir, resumimos as principais críticas ao uso da narrativa em história.

- A narrativa pode construir explicações do tipo (cuidado que lá vem latim) *post hoc ergo propter hoc* ("depois disso, logo, por causa disso"): Uma narrativa histórica será errada se assumir que um evento, apenas por vir antes, é causa daquele que veio depois. Confunde sequência com causa. Usualmente vemos a luz do raio antes de escutarmos o barulho do trovão. Isso não significa que o raio cause o trovão (ambos são causados juntos), mas aparecem separados porque a luz viaja mais rápido do que o som.

O primeiro ponto a esclarecer é que a narrativa histórica tem recebido críticas importantes nos últimos 40 anos, especialmente porque se tornou mais recentemente um dos alvos privilegiados de contestação por parte de correntes pós-modernas de história (você lerá mais sobre isso ainda neste capítulo). Porém, é importante saber que a narrativa não é a principal forma de apresentação de explicações em história. A explicação pode ser apresentada por analogias, relações causais, análises estatísticas, quadros comparativos, entre outros modelos. Atualmente, raras vezes encontraremos textos históricos que sejam apenas narrativos. O uso exclusivo desse modo de apresentação e de raciocínio históricos eram comuns dentro da escola metódica. Mas, na atualidade, a atenção às ações de determinados indivíduos ou o foco em eventos particulares não são explicações em si, mas estratégias narrativas que objetivam elucidar questões mais amplas. A narrativa, portanto, está presente como ferramenta auxiliar, e não como parte fundamental de uma explicação.

Um exemplo da união de diferentes modelos explicativos, no qual a narrativa desempenha um papel, é dado por Georges Duby. Em seu *Domingo de Bouvines*, Duby se utiliza da narrativa para descrever a Batalha de Bouvines (região do norte da França), ocorrida em 27 de julho de 1214, ao mesmo tempo que descreve e analisa as estruturas culturais do período (Duby, 1993).

- **A narrativa enfatiza a agência humana**: Contextos são subestimados, instituições ignoradas e a história é movida praticamente apenas pelos desejos humanos. Uma única pessoa "faz" a história.

Já foi dito em outro momento deste livro que o passado, em si, não é uma narrativa. Ele não se apresenta como uma narrativa. Individualmente, somos nós que construímos uma narrativa para nosso passado, por exemplo, organizando as nossas memórias. No caso da história, a narrativa é uma construção de historiadores, é uma forma de apresentação dos resultados da pesquisa que realizaram, além de participar de uma argumentação. E ainda que seja uma das formas mais características do discurso histórico, a narrativa não é exclusiva da história. A medicina a utiliza em estudos de caso, a astronomia faz uso da narrativa ao apresentar etapas da criação de planetas ou de galáxias e a geologia a utiliza para descrever os processos de formação e de movimentação das placas tectônicas.

Quanto mais rigoroso o método, e mais explícito à pesquisadora e ao pesquisador, mais resistente às críticas estará o texto final. Isso ocorre, em geral, porque as críticas à narrativa se esquecem dos procedimentos próprios de historiadores: a consulta aos arquivos, a descoberta de documentos, a construção dos fatos, o estabelecimento de relações causais ou probabilísticas. Nesse processo, podem inclusive surgir narrativas temporárias que sirvam como hipóteses ou guia às pesquisas. O conhecimento produzido por historiadores não estará apenas na narrativa, mas em todo o processo de pesquisa. É esse conjunto que confere ao resultado final, ao texto histórico, a sua validade.

- **A narrativa tende a uma linearidade da história:** Em outras palavras, pode compreender a história como uma linha em que fatos se sucedem como numa fileira de dominós.

  Como a história ocorreria em uma linha de evento sucessivos, cada acontecimento geraria o seguinte, impossibilitando analogias e mesmo análises. Não restaria nada, a não ser narrar o que aconteceu. Ou seja, cada fato tende a ser interpretado como **único**. Já debatemos os problemas dessa ideia no capítulo anterior,

  mas é importante salientar, aqui, que são as adequadas definições de *causalidade*, bem como uma atenção aos métodos históricos de explicação (ver Capítulo 2), que garantem a validade do conhecimento histórico. Se persistir uma linearidade simples, será consequência de uma má explicação histórica.

- **A narrativa pode criar uma teleologia:** Isto é, cria-se um propósito para a história. Pode ser a construção de uma nação ou de um herói, a descrição do progresso, a evolução da sociedade. Apresentados apenas sob a forma de narrativa, os eventos históricos correm o risco de ser organizados em determinada direção que se apresenta como necessária. Em outras palavras, eles seriam inevitáveis.

  Esse é um problema que permanece mesmo na história não narrativa, quando não são tomados os devidos cuidados teóricos.

Quando se contextualiza um evento histórico, corre-se o risco de transmitir a ideia de que nada poderia ter ocorrido de forma diferente, que as pessoas não teriam opções às ações que realizaram ou aos eventos pelos quais passaram. Experimentos com textos históricos têm, atualmente, buscado recuperar o caráter aberto do passado. São narrativas que vão do presente para o passado (ainda que textos desse tipo possam ser encontrados já no século XIX), ou que buscam analisar o mesmo evento com base na perspectiva de diferentes participantes.

- Mas nenhuma crítica foi tão radical quanto aquela pós-moderna construída pelo historiador estadunidense Hayden White (1928-). Para White, **a história não se distingue de textos de ficção, seu conhecimento é absolutamente relativo** e não tem qualquer possibilidade de produzir conhecimento "científico" sobre o passado.

Deve-se encarar o fato de que, quando se trata de apreender o registro histórico, não há fundamentos a serem encontrados nos próprios registros históricos para que se prefira uma maneira de construir seu significado, sobre outra. (White, 1990, citado por Chartier, 2002, p. 111)

Em outras palavras, qualquer interpretação histórica seria válida (inclusive a dos revisionistas do Holocausto), e tanto as pesquisas documentais quanto a crítica de fontes não interfeririam na verdade construída pelo texto histórico. Sem relação com a realidade, os textos históricos seriam escritos, necessariamente, dentro de quatro gêneros arquetípicos da literatura ocidental – o romance, a comédia, a tragédia e a sátira. As concepções de White partem não da narrativa, mas de uma crítica da objetividade em história. É o que discutiremos a seguir.

Antonio Fontoura

6.1.2 Objetividade e narrativa

Leia um fragmento da obra *Histórias*, de Heródoto (1964, p. 34):

Tal é a maneira pela qual os Persas narram esses acontecimentos. À tomada de Tróia atribuem eles a causa do seu ódio aos Gregos. No que concerne a Io, os Fenícios não estão de acordo com os Persas. Dizem não ter havido rapto; que apenas a conduziram ao Egito com o seu próprio consentimento. [...] Eis aí como Persas e Fenícios narram os fatos. Quanto a mim, não pretendo absolutamente decidir se as coisas se passaram dessa ou de outra maneira [...].

O texto citado é datado do século V a.C. e foi escrito pelo grego Heródoto (484 a.C.-425 a.C.), conhecido como o "pai da história". Essa paternidade parece, à primeira vista, adequada, afinal, ele afirmava ter como desejo "contar o que foi", criticava outros autores (inclusive Homero) pela imprecisão de suas informações e procurava construir sua narrativa com base em evidências que estavam disponíveis em seu tempo. Em certo sentido, portanto, Heródoto parecia compartilhar a visão dos historiadores metódicos do século XIX na busca por uma objetividade histórica fundada em fontes.

Mas Heródoto era objetivo? Obviamente, a resposta a essa pergunta depende do que consideramos ser *objetividade*. Heródoto confiava acriticamente na maior parte das histórias que lhe contavam e era comum tomar rumores populares como sendo verdade: "dizem que Arião de Metimna, o mais hábil tocador de cítara então existente [...], foi carregado nas costas de um delfim[1] até Tenara" (Heródoto, 1964, p. 44).

---

1 *Golfinho.*

Mais exigente em relação às fontes parece ter sido outro autor grego, Tucídides (460 a.c.-395 a.c.), que escreveu, também no século V a.c., a sua *História da Guerra do Peloponeso*. Para isso, ele entrevistou pessoas que participaram dessa guerra, além de utilizar outras fontes de época. O autor procurou narrar a história "como realmente aconteceu", uma expressão que somente foi recuperada no século XIX.

A noção de que uma narrativa histórica deveria ser verdadeira, objetiva e imparcial, além de baseada em documentos, é resultado de um longo processo, obviamente, histórico. Em diferentes períodos, a história desempenhou um papel laudatório, foi utilizada como instrumento de convencimento de crenças (como nas disputas oriundas da Reforma Protestante) ou tinha como intenção simplesmente divertir.

Uma história que tivesse a objetividade, a neutralidade e a busca pela verdade do passado como preocupações primeiras não se consolidaria senão no século XIX, com o advento de uma concepção científica da história. Para os historiadores desse período, não existiam visões, perspectivas ou modos de interpretação, mas apenas verdades que, extraídas pacientemente das fontes e expressas na narrativa objetiva, permitiriam aos poucos uma reconstrução fiel da totalidade do passado. Além disso, qualquer opinião do historiador – esta sim, passível de subjetividades – deveria estar claramente separada da verdade da evidência que se manifestava objetivamente no documento.

Ao ser aplaudido ao final de uma apresentação, Fustel de Coulanges afirmou: "não me aplaudam. Não sou eu quem fala a vocês, mas a história que fala através de minha boca" (Coulanges, citado por Monod, 1897, p. 138, tradução nossa). Com essa afirmação, Coulanges deixava explícitos dois pressupostos de uma compreensão de objetividade da história científica do século XIX.

Antonio Fontoura

O primeiro era a ideia de que o pesquisador não teria qualquer influência nos resultados de sua pesquisa. Assim, crendo em uma efetiva separação entre o sujeito que conhece (o historiador) e o objeto que deve ser conhecido (o passado), o historiador "desapareceria" entre as fontes e a narrativa, e não seria mais do que um veículo neutro pelo qual a verdadeira história surgiria.

O segundo pressuposto dizia respeito à ideia de que os fatos poderiam ser recuperados de forma natural e automática após uma indispensável crítica das fontes. Encontrado um documento, identificados seus autores e a veracidade das suas informações e estabelecida a sua correlação com outros documentos da época, o fato histórico seria descoberto. É como se ele se manifestasse sozinho, pois já estava lá. Bastaria ao historiador, assim, coletar tantos fatos quanto possíveis e organizá-los cronologicamente e tinha-se a história.

Ainda que já nas primeiras décadas do século XX existissem importantes críticas à concepção de objetividade, a partir dos anos 1960 intensificou-se um sentimento cético em relação à verdade do conhecimento, acompanhado de críticas à pretensão da história de ser uma ciência. E, para os adeptos de uma concepção filosófica denominada *pós-moderna*, a história não seria mais do que o resultado de um trabalho ficcional, já que ela não se diferenciava em nada da literatura e as evidências não aproximavam o texto histórico da verdade. Ela não teria qualquer relação com o passado. É o que afirmava, dentre outros, Hayden White.

O que sustentava essas conclusões? Para os pós-modernos, não é possível acessar diretamente a realidade, a não ser via linguagem. Todas as informações que temos a respeito do mundo que nos cerca, e mesmo de nossas experiências anteriores, estão apenas dentro de nossas mentes e são acessíveis somente por meio da linguagem. Mas esta não é um meio neutro de comunicação: carrega preconceitos, pressupostos, preferências, além de trazer consigo uma história que revela lutas por poder – ou seja, a linguagem é um meio contaminado. Se não temos acesso à realidade, e se a linguagem é um meio tendencioso, então não há como existir objetividade.

Além disso, se só podemos acessar a realidade por meio da linguagem, como podemos dizer que algo é verdadeiro ou falso? Vale lembrar: não temos acesso direto à realidade, dizem os pós-modernos. Assim, não há como uma opinião ser mais correta do que outra, afinal, não podemos ir à realidade para termos certeza do que realmente está certo. Em consequência, "a verdade é uma figura de retórica [...]" (Jenkins, 2007, p. 57) e "o mesmo objeto de interpretação é passível de diferentes interpretações por diferentes discursos" (Jenkins, 2007, p. 27).

Em outras palavras, o que é verdade para um pode ser falso para outro, não havendo maneiras objetivas de definir quem estaria realmente certo. Além disso, como a linguagem é mutante, diferentes significados podem coexistir nos mesmos textos. A história, por fim, seria apenas uma determinada posição política e repleta de preconceitos, pois segundo o senso comum, a história que aprendemos hoje seria um conhecimento produzido particularmente por homens brancos, europeus, heterossexuais e de meia idade. Diante dessas críticas, como se pode falar de *objetividade* em história?

6.1.3 EM DIREÇÃO À OBJETIVIDADE

Edward Thompson (1987a) alertou certa vez os historiadores de que a simpatia para com os pobres poderia transformar a história em ideologia, da mesma forma que a simpatia para com os capitalistas produzia textos apologéticos. Ainda que, na visão de Thompson, ambas as formas devessem ser evitadas, elas frequentemente ocorriam de forma involuntária pelo pesquisador. Para ilustrar sua posição, ele citou a experiência de outro historiador britânico, John Clapham (1873-1946):

> *É muito fácil fazer isso de forma despercebida. Trinta anos atrás eu li e sublinhei "Travels in France" de Arthur Young, e ensinei a partir das passagens marcadas. Cinco anos atrás eu o li novamente, para descobrir que toda vez que Young mencionava um francês infeliz eu o sublinhava, mas as várias referências a franceses felizes e prósperos, eu mantinha sem sublinhar.* (Thompson, 1964, p. 210)

Há duas lições que podemos retirar das considerações de Thompson e do sincero depoimento de Clapham. A primeira: historiadores trazem consigo pressupostos e preferências que atuam na seleção das fontes, na leitura da bibliografia e na construção das explicações, isto é, chamam a atenção deles as passagens que concordam com as posições que eles têm. Assim, os historiadores selecionam mais rapidamente citações que confirmam sua visão de mundo, sendo que as que contestam a percepção e as convicções podem ser muito rapidamente descartadas como exceções, irregularidades, pontos fora da curva. Ficam sem sublinhar. Por estarem em determinado grupo social, em certa cultura, em um específico momento histórico, as visões de historiadoras e historiadores podem ser parciais e tendenciosas. Isso é algo fundamental a se considerar quando tratamos da objetividade em história.

Mas há também uma segunda lição, tão valiosa quanto a primeira. Thompson está atento em evitar tanto a ideologia quanto a apologia; e Clapham, ainda que tenha levado mais de 20 anos, percebeu que estava sendo tendencioso. Isso permitiu que ambos ajustassem suas visões em direção a uma prática histórica mais objetiva. No caso específico de Clapham, fica implícita uma salutar prática metodológica: externar as próprias pré-concepções, de modo a fazer suas pesquisas e análises tenderem à objetividade. Sem estar consciente de que trabalham continuamente com hipóteses, a historiadora e o historiador podem, mesmo sem desejar, acabar acreditando que os documentos falam através deles.

"Tender à objetividade" é o que dissemos. Alcançar a objetividade são, como diz o ditado, outros quinhentos, e, atualmente, acredita-se que não seja possível uma pessoa despir-se totalmente de suas convicções, mas apenas ficar alerta em relação a elas (por outro lado, não acreditar que seja possível aperfeiçoar o raciocínio é como acreditar que nunca se aprende nada). A influência das visões de mundo nas pesquisas, aliás, não é exclusiva das ciências humanas: Einstein negou-se, por suas convicções, a acreditar que o Universo estava em expansão, algo que seria concluído com base em suas próprias equações.

Não existe conhecimento inteiramente neutro. Todas as pesquisas, de quaisquer áreas do conhecimento, partem de determinados interesses dos pesquisadores e sempre entrarão em conflito com diferentes visões de outras pessoas que procuram descobrir determinadas verdades de seus próprios objetos. E ainda que não seja possível "sair da história" e produzir um conhecimento totalmente objetivo no modelo idealizado pelos historiadores científicos do século XIX, pode-se alcançar o que as historiadoras estadunidenses Joyce Appleby (1929-), Lynn Hunt (1945-) e Margaret Jacob (1943-) denominaram de "objetividade qualificada" (Appleby; Hunt; Jacob, 1994, p. 254, tradução nossa). Trata-se de um conhecimento fundado em provas, organizado em intepretações coerentes, apresentado de forma convincente e que tem relação com o passado.

Em primeiro lugar, há a questão do ponto de vista. Se um historiador está estudando o papel da escravidão no período colonial do Brasil baseando-se na perspectiva dos escravizados, e outro está abordando o mesmo tema, mas com base na perspectiva de um senhor de engenho, obviamente os trabalhos terão abordagens diferentes. Afinal, partem de agentes que participavam diferentemente do fenômeno da escravidão. Mas, ainda que tenham pontos de vista distintos, eles jamais podem ser mutuamente excludentes: quaisquer desavenças nos depoimentos não serão resolvidas pelas concepções políticas dos envolvidos, pela cor da sua pele ou por suas preferências sexuais, mas pela comparação com a realidade. No caso da história, isso se dá por meio da consulta à documentação. A não ser que se queira apenas reproduzir as diferentes opiniões sobre algum evento (como se diz, "ouvir as diferentes vozes"). Trata-se de algo que é possível de ser feito, além de ser útil, mas não é história, e sim registros de memória.

Um segundo ponto: a linguagem não é a única maneira de acessarmos a realidade. Soma-se a isso o fato de a validação do conhecimento histórico se dar por meio da prova. Se fosse verdade, como querem os pós-modernos, que as evidências não aproximam o texto histórico do passado, que a verdade é relativa e a história não é mais do que uma ficção, qual a razão do rigor em relação à análise de documentos?

Os arquivos de Lyon, França, estão armazenados em um velho convento em um morro, bem acima da cidade. Chega-se lá subindo cerca de 300 degraus de pedra. Para o realista prático – mesmo aquele equipado com um computador laptop – a escalada vale o esforço; o relativista pode não se entusiasmar. (Appleby; Hunt; Jacob, 1994, p. 251, tradução nossa)

O relativismo das afirmações pós-modernas não apenas desconsidera os princípios metodológicos e teóricos da história como, ainda, produz consequências perigosas. Se todas as histórias são válidas, e as verdades nada mais são do que meros pontos de vista, então não há por que, a princípio, desconsiderar a história que nega o Holocausto, ou a que valida as torturas do regime militar no Brasil.

O passado, porém, não é uma construção de historiadoras e historiadores, e Auschwitz, como se afirmou outras vezes, não é um discurso.

> Embora a negação do Holocausto possa ser um ataque à história da aniquilação dos Judeus, em seu âmago está uma ameaça a todos que acreditam que conhecimento e memória estão entre as peças-chave de nossa civilização [...] e a todos que acreditam no poder último da razão.
> (Lipstadt, 1994, p. 19, tradução nossa)

Nossa própria experiência individual comprova que nossas memórias sobre o que vivemos têm relação com os vestígios que carregamos conosco de nossas vivências individuais. Há conhecimento que pode ser produzido a respeito do passado baseado na análise, na fundamentação das fontes, alcançando uma objetividade fundamentada, qualificada.

Essa objetividade é atingida por meio de rigor metodológico na pesquisa, fundado em um conhecimento teórico adequado. Mas, além de esforços individuais, esse tipo de objetividade é obtido também com o apoio de instrumentos institucionais e sociais. Por exemplo, o que você produzirá será corrigido por seus professores, artigos que você enviar a revistas especializadas serão analisados por pareceristas, monografias serão objeto de análise de bancas, dissertações e teses passarão por processos de qualificação e defesa. É um processo que ainda apresenta falhas, mas, como afirmou o filósofo Hilary Putnam (1926-2016), não é porque nosso conhecimento é produzido dentro de referenciais humanos que não será válido (Putnam, 1878, tradução nossa).

(6.2)
Abordagens históricas

Determinados campos historiográficos foram se constituindo, dentro da prática histórica, com base em identidades de objetos, princípios teóricos e influências de diferentes campos de pesquisa. A seguir, discutiremos as características de alguns desses campos, particularmente influentes nos trabalhos históricos da atualidade.

6.2.1 A história cultural

Para a escola metódica do século XIX, como já estudamos algumas vezes neste livro, os temas privilegiados da história eram essencialmente a política e a atuação dos "grandes homens". Não havia espaço para estudos culturais, a não ser como curiosidades, tomados por eles mesmos, sem relação com outras instâncias da sociedade.

Uma história da cultura também não faria sentido dentro de uma interpretação marxista ortodoxa, bastante influente nos cursos de história no Brasil até as últimas décadas do século XX. Para o marxismo ortodoxo, os elementos culturais eram determinados pelos elementos econômicos e, portanto, seriam meros reflexos dos meios de produção. Assim, estudar a música, a arte, as maneiras populares ou elitistas de expressão não revelaria nada de "profundo" a respeito da sociedade. O que importava ser estudado eram assuntos como a *luta de classes*, a *construção da consciência dos trabalhadores* e os *estudos de ideologia*.

Na chamada *escola dos Annales* ocorria algo semelhante. Ainda que no início do século XX ela tenha se aberto a novos objetos, abordagens e métodos, suas análises ainda estavam bastante centradas nas perspectivas econômicas e sociais. Mudanças de perspectiva começaram a ser notadas a partir de meados dos anos 1970, quando os estudos culturais ganharam mais destaque, ainda que a expressão *história cultural* tenha demorado a ser adotada. Produzia-se o que os franceses chamavam de *história das mentalidades*, ou *mentalités* (veja o boxe a seguir para mais detalhes), que foi se tornando cada vez mais dominante.

> **Mentalidades e imaginário**: trata-se de dois conceitos muito utilizados pela historiografia francesa que têm não apenas relação entre si, mas também com os métodos e os temas da história cultural. A ideia das *mentalidades* refere-se a certa organização dos sentidos que seria compartilhada por todos os membros de uma comunidade. Tratava-se dos modos comuns de "pensar e de sentir" compartilhados por "César e o último soldado de suas legiões, São Luís e o camponês que cultivava as suas terras, Cristóvão Colombo e o marinheiro de suas caravelas" (Le Goff, 1976, p. 68). As mentalidades, a princípio, mudariam muito lentamente, sendo, assim, mais bem estudadas em longas durações, com a utilização de grande quantidade de fontes e em longas séries.
>
> Por sua vez, dá-se o nome de *imaginário* a formas de representação do mundo historicamente constituídas. O imaginário constrói significados e organiza a realidade, conferindo-lhe sentidos e intenções. Os mitos, os tabus, a organização social, os valores e a moral formariam o imaginário da sociedade. Essa organização, por sua vez, seria entendida como a própria realidade. Segundo Jacques Le Goff (1976), o conceito de imaginário teria vantagens sobre o de mentalidades pelo maior rigor daquele.

As estruturas mentais, para historiadores como os franceses Roger Chartier e Jacques Revel (1942-), não eram consequências ou resultados determinados pela infraestrutura econômica, tampouco esta era considerada anterior ou mais importante que aquelas. Os diversos aspectos que compunham a realidade, inclusive em seus elementos econômicos, constituíam-se em práticas culturais.

Esse avanço dos estudos culturais coincide com a chamada *crise dos paradigmas* nas ciências humanas e sociais. Mas o que foi essa crise? Tratou-se de uma desconfiança em relação aos grandes modelos explicativos da sociedade – especialmente o marxismo, mas também o estruturalismo francês e mesmo as pretensões a uma "história total" da escola dos Annales. Isso aconteceu cada vez mais os pensamentos se demonstravam insuficientes para efetivamente dar conta das complexidades do mundo real.

Ainda que os primeiros trabalhos de história cultural possam ser encontrados no século XIX com o suíço Jacob Burckhardt (1818-1897) e nas primeiras décadas do século XX com o holandês Johan Huizinga (1872-1945), foi a partir dos anos 1970 que ela ganhou destaque no mundo acadêmico, até se tornar uma das principais correntes da historiografia. Esse avanço é explicado pela crise dos paradigmas, pela expansão do interesse de historiadoras e historiadores em relação a diferentes aspectos da realidade (consequência das próprias mudanças sociais do pós-guerra) e, especialmente em seu nível teórico, à antropologia.

Até então, os historiadores estavam limitados teoricamente em suas análises da sociedade. A cultura era vista como um produto de outras determinações e, assim, tinha pouca importância social ou influência histórica. Ao estudarem outras comunidades que não as ocidentais, os antropólogos sublinharam o caráter construído daquelas realidades. O mundo se apresentava de maneira diferente àquelas pessoas porque elas simbolizavam diferentemente suas experiências, às quais atribuíam valores distintos, e organizavam seu mundo de outras formas. A antropologia demonstrava o quanto da realidade era construído pelas próprias pessoas, em sistemas próprios de significados, algo que os historiadores, até então, apenas intuíam. Assim, toda corrente historiográfica denominada *história cultural* partiu do conceito antropológico de cultura que debatemos no capítulo anterior. A história, assim, passou a analisar como as sociedades do passado construíam a sua própria realidade simbólica.

Podemos citar um exemplo. Em 1966, a antropóloga britânica Mary Douglas (1921-2007) lançou seu livro *Pureza e Perigo* (Douglas, 1976), em que analisava as ideias de *sujeira* e *tabu*, localizando-as nos contextos sociais em que surgiram. Douglas contestava antigas interpretações antropológicas que viam as proibições como regras arbitrárias, ou simples alegorias de vícios que deveriam ser suprimidos. Analisando os tabus alimentares presentes no Levítico, Douglas demonstrou que as proibições deviam ser compreendidas dentro de um conceito de sagrado, como parte importante de uma ordem estabelecida por Deus e na busca das pessoas em se manterem moralmente o mais próximo possível de preceitos divinos.

As ideias de Douglas foram aproveitadas pela historiadora estadunidense Natalie Zamon Davies (nascida em 1928) para estudar o que ela chamou de "ritos de violência" (Davies, 1973, tradução nossa) e que ocorreram por conta das guerras religiosas europeias do século XVI. Davies analisou os conflitos religiosos também na qualidade de rituais de purificação, adaptando, para a história, as ideias desenvolvidas anteriormente por Douglas, de compreensão dos sentidos de sujeira e pureza dentro dos contextos mais amplos de uma cultura. Leia, a seguir, um trecho de seu raciocínio.

Poluição era uma coisa perigosa para sofrer em uma comunidade, tanto do ponto de vista católico quanto do protestante, pois isso certamente iria provocar a ira de Deus. Terríveis tempestades de vento e inundações eram por vezes tomadas como sinais de Sua impaciência. [...] Não é surpreendente, então, que tantos atos de violência realizados por multidões de católicos e protestantes tivessem [...] o caráter de rituais de purificação ou de uma paradoxal profanação. (Davies, 1973, p. 79, tradução nossa)

Caracterizada por uma heterogeneidade de temas, praticamente qualquer assunto pode ser válido dentro da história cultural. Existem histórias culturais da hereditariedade, do tarô, da literatura irlandesa, da tradução, da sexualidade, da adoção, da maternidade, das casas, do carnaval, das caricaturas. O que une os diversos temas é a preocupação com a realidade simbólica da cultura, ou seja, como determinados rituais, comportamentos, objetos e práticas ganham significados e valores dentro das sociedades em processos históricos. Como esses elementos não são apenas curiosidades, interessa como se relacionam com outros aspectos da sociedade como um todo e como revelam formas de pensar que, de outra maneira, seriam inacessíveis a historiadoras e historiadores.

Cabe ainda um último destaque para o influente livro *O processo civilizador*, do sociólogo alemão Norbert Elias (1897-1990). Lançado na década de 1930, o livro ganhou a atenção dos historiadores apenas nos anos 1960. Na obra, Elias (1994) analisou manuais de boa conduta e, especialmente, acompanhou as mudanças de comportamento relacionadas, entre outros hábitos, ao de comer, escarrar e comportar-se à cama, desde o fim da Idade Média até a Idade Moderna. Documentos e práticas aparentemente inócuos foram utilizados por Elias como porta de entrada para a compreensão de questões mais amplas da sociedade.

Analisando o que Elias (1994) chamou de *processo civilizador*, é possível perceber que há uma racionalidade no direcionamento das mudanças históricas: de um mundo mais transigente para com as pulsões e os sentimentos (o mundo dos nobres cavaleiros medievais) para outro em que as pulsões são dominadas e o autocontrole e a pressão imperam. Mas como Elias interpretou essa mudança? Quanto mais avançam, nessa sociedade, o controle de monopólios dos impostos e da violência por parte do Estado, por um lado; e quanto mais complexa for a sociedade, por outro lado, mais haverá uma divisão de funções e uma interligação entre as pessoas. Surgirão, assim, mais espaços e situações em que as pessoas poderão se socializar. Como conclusão, torna-se cada vez mais necessário o controle das pulsões e a previsão dos atos, ou seja, o autocontrole (Elias, 1994).

6.2.2 A MICRO-HISTÓRIA

Montaillou, do historiador francês Le Roy Ladurie, foi publicado pela primeira vez em 1975 e partia de interrogatórios da Inquisição para descrever a vida, as relações sociais e as condições econômicas da vila de Montaillou, na França do século XIV. Ao contrário dos estudos históricos daquele período, a obra procurava recuperar os problemas, as ações e as estratégias das "pessoas reais" que, em outros trabalhos, eram espremidas e determinadas pelas "conjunturas" (Ladurie, 1878).

A preocupação em *Montaillou* era com a vida cotidiana das pessoas simples, sobre como elas foram capturadas pelos registros inquisitoriais. Ladurie, assim, percorreu os detalhes cotidianos a respeito de casamentos, mortes e trabalhos, crenças a respeito de Deus, magias e salvação, além de práticas ligadas à sexualidade, e procurou reproduzi-los. Conceitos de *tempo* e *espaço*, além de noções de *moral*, também estavam entre os interesses do autor (Ladurie, 1978). Leia, a seguir, um trecho da obra.

> *Como em outros lugares, as mulheres faziam vigília aos que estavam morrendo. Elas desempenhavam um importante papel na preparação do morto para o sepultamento e em preservar tufos de cabelo e aparas de unha do cadáver. Após o enterro, que se dava logo após a morte e era seguido por uma grande multidão, elas iriam comentar e fofocar sobre o assunto.* (Ladurie, 1978, p. 122, tradução nossa)

O texto de Ladurie assemelha-se muito ao de um antropólogo quando descreve as características e os hábitos de uma cultura diferente. Isso não é casual: a abordagem em *Montaillou* e em toda a micro-história deve muito à antropologia e a seu interesse em dramas sociais que refletiriam determinadas relações mais amplas existentes nas sociedades.

Um dos objetivos da micro-história é recuperar a agência, isto é, a possibilidade que as pessoas tinham de tomar decisões, organizar suas vidas, construir estratégias para sobreviver e melhorar suas condições de existência dentro de determinados contextos. Reagia-se, nesse sentido, contra uma historiografia que, nos anos 1970, ainda estava centrada em grandes contextos, em amplos tempos e espaços, e desconsiderava características específicas de cada localidade. Se analisarmos a atuação de indivíduos pela microanálise, podemos perceber um diálogo entre a vida cotidiana de pessoas e as estruturas da sociedade. Se, por um lado, destaca-se a criatividade, demonstrando que as pessoas não viviam mecanicamente sob a força das "conjunturas", mas criavam espaços originais, às vezes imprevisíveis, de atuação, por outro, os grandes contextos aparecem como criados também pelos indivíduos em suas atuações cotidianas.

Foi na Itália, porém, que a micro-história se estruturou e se desenvolveu, especialmente em torno dos nomes de Giovanni Levi (1939-) e Carlo Ginzburg.

A micro-história exige uma análise documental profunda para recuperar os detalhes da vida e das crenças dos sujeitos pesquisados. Giovanni Levi, por exemplo, em sua obra *A herança imaterial* (Levi, 2000), recuperou 32 mil referências nominais dos habitantes da região que estudava. Leia, a seguir, um pouco sobre a forma como ele explicou seu método.

Tentei, portanto, estudar um minúsculo fragmento do Piemonte do século XVII, utilizando uma técnica intensiva de reconstrução das vicissitudes biográficas de cada habitante do lugarejo de Santena que tenha deixado vestígios documentados. [...] a participação de cada um na história geral e na formação e modificação das estruturas essenciais da realidade social não pode ser avaliada somente com base nos resultados perceptíveis: durante a vida de cada um aparecem, ciclicamente, problemas, incertezas, escolhas [...]. (Levi, 2000, p. 45)

Foi dessa maneira que Levi conseguiu resgatar o cotidiano daquelas pessoas, detalhando as maneiras pelas quais elas enfrentavam as dificuldades de suas vidas. De modo geral, elas se utilizavam de estratégias para aperfeiçoar sua segurança social em tempos de incertezas.

Na micro-história, todas as pistas possíveis são utilizadas para construir determinada imagem do objeto em estudo. E é na micro-história que surge o paradigma indiciário (visto no Capítulo 1 deste livro), especificamente teorizado por Ginzburg. Por meio desse método, é possível não apenas identificar a origem de determinados atos ou ideias, mas também as maneiras pelas quais há a comunicação deles com outros estratos da sociedade.

> A **descrição densa** é um método de interpretação cultural desenvolvido pelo antropólogo Clifford Geertz (1926-2006). A *densidade* a que se refere esse método relaciona-se à profundidade de análise de determinado evento cultural. Não se trata apenas de ir aos detalhes do que se está estudando (ainda que isso seja importante), mas analisar de forma minuciosa os caminhos interpretativos que possam surgir. Uma descrição densa toma certo aspecto da cultura e procura, na medida do possível, compreendê-lo como parte de uma rede mais ampla de significados existente no contexto em que foi produzido. Um exemplo do uso da descrição densa é dado pelo próprio Geertz, que analisou um evento envolvendo uma briga de galos para discutir a estrutura social na Indonésia (Geertz, 1989). Essa relação que a descrição densa permite estabelecer entre o particular e o todo, ou seja, com sistemas mais amplos, foi aproveitada pelos historiadores da micro-história, dentre outros ligados à história cultural.

Um exemplo de uma escrita no método da micro-história é a obra *O queijo e os vermes* (Ginzburg, 1993) do historiador italiano Carlo Ginzburg. Nela, o autor se utiliza de registros da Inquisição para analisar o pensamento de um moleiro do século XVI, Domenico Scandella, também conhecido como Menocchio, e especialmente suas concepções originais a respeito do surgimento do mundo. Menocchio, por exemplo, afirmava:

> segundo meu pensamento e crença tudo era um caos [...] e de todo aquele volume em movimento se formou uma massa, do mesmo modo como o queijo é feito do leite, e do qual surgem os vermes e esses foram os anjos. A santíssima majestade quis que aquilo fosse Deus e os anjos e entre todos aqueles anjos estava Deus, ele também criado daquela massa, naquele mesmo momento. (Ginzburg, 1993, p. 46)

Suas curiosas ideias são ainda um exemplo do conceito de **circularidade**, isto é, Mennochio utilizava-se de determinadas concepções que circulavam pela sociedade – entre a cultura erudita e a popular – para construir suas ideias "heréticas e totalmente ímpias" (Ginzburg, 1893, p. 32), como afirmavam os inquisidores.

A micro-história, como se pode ver por esses exemplos, procura resgatar trajetórias individuais (nesse sentido, dando novas formas ao modelo de escrita biográfico), construindo relações com os aspectos mais amplos da sociedade em que os sujeitos estavam inseridos. Sua técnica de escrita, por alguns denominada inclusive de *experimental*, age à semelhança de alguém se afastando e se aproximando de uma pintura, procurando entender tanto as pinceladas individuais quanto a imagem do quadro como um todo, tentando descobrir o momento em que as primeiras, unidas, transformam-se na segunda.

6.2.3 A NOVA HISTÓRIA POLÍTICA E A HISTÓRIA "VISTA DE BAIXO"

Com as críticas dirigidas ao modelo metódico de escrita da história, especialmente a partir das primeiras décadas do século XX, o interesse pela história política decaiu. Isso ocorreu pelo menos entre os historiadores profissionais, já que a visão metódica continuou sendo a mais importante, por exemplo, em livros didáticos e em obras populares de divulgação, além de estar presente em filmes e documentários. Mas, nos meios acadêmicos, ela passou a ser continuamente criticada por ser descritiva e focada na atuação de determinadas pessoas. Ela ignorava contextos e estava voltada apenas para os fenômenos imediatos, além de ser simplista do ponto de vista causal.

Nas últimas décadas do século XX, a política voltou à cena, mas dessa vez sob novas perspectivas. Temas relacionados à cultura ganharam espaço nos estudos políticos, como as representações de poder, os mitos políticos, a construção de símbolos nacionais ou partidários, as ideias de *nação* e *identidade* e a atuação política de diferentes atores sociais. Além disso, o poder deixou de ser compreendido como algo que emanava unidirecionalmente do Estado e passou a ser concebido de uma maneira mais complexa, como difundido pela sociedade, em diversos tipos de relação (você pode rever, no capítulo anterior, o item sobre o poder) e disperso na vida cotidiana.

A nova história política, baseada em novas concepções a respeito da história e do poder, retornava seus olhos para um tema clássico da historiografia: a história política. O poder estatal ainda era considerado importante, mas agora devia ser relacionado àqueles pequenos poderes presentes em diversas instâncias da vida cotidiana, dialogando com conceitos como "imaginário político" e "cultura política". Além disso, não foram esquecidos os fenômenos de curta duração, mas, na nova história política, eles apareceram relacionados a amplos contextos e estruturas de poder.

Essa nova concepção tinha como pressuposto que, em diferentes estratos sociais, o poder se difunde de diferentes formas, e não apenas de um ponto privilegiado, geralmente entendido como o Estado. Concorda, portanto, com uma visão pluralista de *sociedade*, mas também de *história*, que não é mais vista como monopólio dos chamados *grandes homens*.

A pintura de Pedro Américo, datada de 1888, é um exemplo visual de uma concepção de história comum no século XIX. Veja a Figura 6.4.

Figura 6.4 – Independência ou Morte, de Pedro Américo, 1888

AMÉRICO, P. **Independência ou morte.** 1888. óleo sobre tela: color. 415 × 760 cm. Museu Paulista da Universidade de São Paulo.

No centro do quadro está D. Pedro I, proclamando a independência, deixando claro que ele é o centro da história. Todos à sua volta serão impactados por sua decisão. Trata-se, ainda, de um momento político, tornado grandioso pela posição dos personagens, pela paisagem, pelo movimento dos cavalos.

À margem da pintura aparece um trabalhador, representando uma população que também estaria à margem da história. No caso, ele nem mesmo parece entender por que aquele momento seria tão importante.

Figura 6.5 – Detalhe da obra Independência ou Morte, de Pedro Américo, 1888

AMÉRICO, P. **Independência ou morte**. 1888. óleo sobre tela: color. 415 × 760 cm. Museu Paulista da Universidade de São Paulo.

Esse seria, em resumo, um modelo de uma história "vista de cima": a partir das instituições e, especialmente, dos degraus mais altos do poder estatal. Nele, as ações de poucos definiam a vida de muitos, que apenas sofriam as decisões históricas.

Do outro lado, dá-se o nome de *história vista de baixo* a um movimento de busca por recuperação da história das camadas populares.

Trata-se de uma mudança importante de foco, pois tem como objetivo demonstrar que, em qualquer nível social, as pessoas não estavam passivas aos grandes eventos, mas participavam da construção de sua própria realidade. Essa forma de abordagem ganhou impulso na segunda metade do século XX com a busca pela recuperação, inicialmente, da história operária: a formação dos trabalhadores, suas condições de vida, sua organização em sindicatos e suas formas de cultura. Tratava-se de uma parte da história da industrialização, embora sob diferente prisma, identificando os processos para implementação da disciplina fabril, o estabelecimento de padrões de trabalho e lazer e os impactos na vida dos trabalhadores. Esse tipo de análise, num primeiro momento, foi realizado especialmente por historiadores marxistas.

Porém, não se tratava apenas de uma mudança de foco. A construção de uma história "vista de baixo" exigiu a organização de uma documentação que não estava à disposição em tradicionais centros de guarda de memória, como bibliotecas ou museus. Essas instituições, dando preferência à documentação oficial, não mantinham dados sobre organizações trabalhistas, por exemplo. Mas, além das fontes, esse modelo histórico exigiu o desenvolvimento de conceitos e métodos de trabalhos próprios, ou seja, de uma abordagem teórica que desse conta dos novos objetos, buscada especialmente na sociologia e na antropologia.

A história "vista de baixo", portanto, voltava seu olhar para o indivíduo comum, buscando descobrir sua própria historicidade, bem como para os marginalizados, capazes de revelar diferentes visões a respeito da sociedade. Devemos atentar para o fato de que esse modelo histórico corre o risco de idealizar seus objetos, vendo-os de forma semelhante a "bons selvagens"[2], puros de intenções, batalhadores e tenazes, sofrendo sob o jugo maligno de uma elite dominante.

6.2.4 A HISTÓRIA DO TEMPO PRESENTE

Tradicionalmente, a história se preocupa com o passado. Tem sido assim desde seus primeiros momentos como forma de conhecimento e, a despeito de todas as mudanças pelas quais passou durante os séculos, essa preocupação sempre foi sua característica mais específica. Todos sabem, e sempre souberam, que a história se preocupa com eventos, fatos e pessoas que já se foram.

Isso não quer dizer, no entanto, que o presente estivesse distante das preocupações de historiadoras e historiadores de diferentes épocas. Conceitos tradicionais a respeito do conhecimento usualmente afirmavam a importância de se manterem vivas as experiências passadas para as gerações do presente, assim como a ideia de que a história é a "mestra da vida" apresenta fundamento semelhante. Marc Bloch contou que, ao chegar em Estocolmo acompanhando um historiador amigo seu, Henri Pirenne, este quis visitar a nova prefeitura da cidade, e afirmou: "se eu fosse um antiquário, só teria olhos para as coisas velhas. Mas sou um historiador. É por isso que amo a vida" (Bloch, 2001, p. 43).

Mais recentemente, a importância do presente tem se mostrado ainda mais notável nos estudos históricos. Como foi visto em vários momentos neste livro, o presente participa das questões, preocupações e abordagens de historiadores e, nesse sentido, influencia no

---

2 *Forma pela qual pessoas de comunidades tradicionais – como indígenas, por exemplo – eram idealizadas por certos europeus a partir do século XVII. Por supostamente viverem próximas à natureza e não terem sido corrompidas pela civilização, os "bons selvagens" seriam pessoas melhores, mais ingênuas e puras, além de moralmente superiores.*

estudo da história. Assim, mais do que uma separação entre presente e passado, o importante é considerar a existência de um diálogo entre esses dois momentos.

Nos últimos anos tem se desenvolvido uma abordagem histórica que não apenas procura aproximar o passado do presente, mas considerar a própria atualidade como objeto de pesquisas da história. Trata-se da **história do tempo presente**, que procura utilizar métodos, técnicas, tradição epistemológica e métodos de abordagem históricos para questões da atualidade.

Essa ampliação da temporalidade dos estudos históricos é resultado da ampliação de abordagens que a disciplina de História vivenciou especialmente durante o século XX. Assim como foram novos os objetos, diferentes as concepções causais e inéditas as abordagens teóricas, também foram diferentes as temporalidades incorporadas às possibilidades de análises históricas. O mundo contemporâneo, como objeto de atenção de historiadoras e historiadores, tornou-se, assim, uma possibilidade, afinal, trata-se de um mundo que experimenta grandes mudanças sociais. A história passou a acreditar que poderia contribuir com as análises da contemporaneidade.

Mas o que é, porém, o *tempo presente*? Já discutimos, no Capítulo 3, a dificuldade de estabelecer uma nítida diferença que separa o *ontem* do *hoje*. Para a política, o período de um ou de poucos anos pode apresentar uma nítida distinção entre o contexto atual e o que o antecedeu. Para historiadores da cultura, eventos históricos podem ser medidos em décadas ou séculos. Para a geologia, estamos vivendo na época do Holoceno, um "presente" que teria começado há cerca de 11.500 anos.

Sem uma nítida e objetiva separação entre aquilo que seria o tempo antigo e o atual, historiadores do tempo presente afirmam não haver razões para que a história não se ocupe, também, da contemporaneidade. Esta abarcaria os eventos que envolvem o mundo em que vivemos, que muitas vezes ainda estão se desenrolando, e dos quais os próprios historiadores são testemunhas. Possíveis exemplos de estudos históricos do tempo presente são os estudos da radicalização religiosa ou das migrações contemporâneas. São eventos que ainda estão se desenvolvendo nos dias de hoje e sobre os quais podem ser buscadas explicações e construídas análises com o método histórico.

Seria a história do tempo presente, portanto, aquela da qual se dispõem de testemunhas vivas dos eventos estudados e que são próprias da geração em que vivem a historiadora e o historiador. Compreende-se, assim, a importância da história oral como metodologia bastante ligada a esse campo histórico. Porém, não se pode confundir – como já dissemos em outro momento deste livro – *memória* com *história*: a recuperação das lembranças não significa sua análise. Trata-se de fontes que estarão sob a análise de historiadores do tempo presente.

É, assim, uma prática histórica que não convive sem críticas. Isso acontece, em primeiro lugar, pela ausência de distanciamento temporal entre o evento e o pesquisador, que se acredita necessária para uma adequada análise histórica. Por exemplo, ao se estudar um evento como a Cabanagem, no Pará, sabemos quando ela começou, 1835, e quando acabou, 1840, e podemos analisar os processos que levaram ao seu início e desenvolvimento e a sua conclusão. Somado a isso, temos também acesso aos efeitos do evento na sociedade paraense e quais os destinos dados aos revoltosos.

Porém, a história do tempo presente não conta com esse distanciamento temporal. Historiadoras e historiadores não dispõem de um quadro amplo sobre o qual analisar: os inícios dos eventos podem ser obscuros, os acontecimentos estão a se desenrolar, talvez, no mesmo momento da escrita e da pesquisa. Além disso, dificilmente se tem, claramente, a conclusão, o desfecho, o final de tal evento.

Uma segunda crítica à história do tempo presente refere-se à subjetividade dos seus estudos. Os argumentos dizem – a respeito de pesquisadores que, envolvidos que estão no próprio tempo em que ocorrem os eventos que estudam – que eles não teriam, supostamente, a capacidade de manter um julgamento crítico necessário a uma pesquisa histórica que busque a objetividade. Observamos, porém, que tal envolvimento emocional existe com praticamente qualquer pesquisador (em história ou não) em relação a seu tema de pesquisa. Desse modo, o impressionismo das opiniões só se tornará efetivamente criticável se influenciar, em algum momento, o método utilizado.

Após a queda do muro de Berlim, ampliou-se um sentimento, especialmente no Ocidente (mas não apenas nele), de que várias sociedades têm uma determinada história que compartilham entre si, devido à sua identidade presente. Nesse sentido, acredita-se que compartilham dificuldades semelhantes, além de expectativas e problemas parecidos. Cria-se uma ideia de que essas sociedades dividem determinada temporalidade e, com isso, uma mesma história. A história do tempo presente teria também como objetivo compreender essa suposta homogeneidade temporal entre as sociedades.

Escolas históricas: a pós-modernidade

O termo *pós-moderno*, com os significados filosóficos utilizados atualmente, foi criado pelo filósofo francês Jean-François Lyotard (1924-1998), em sua obra *A condição pós-moderna*, publicado originalmente em 1979. No livro, Lyotard (1998) aponta a falência das grandes narrativas e o desenvolvimento da tecnologia, especialmente após o fim da Segunda Guerra Mundial. Segundo esse autor, as grandes teorias que construíam uma explicação coerente do mundo, como a ideia de progresso ou a possibilidade científica de um entendimento universal, revelaram-se ineficazes; o mundo, então, estaria repleto de micronarrativas (Lyotard, 1998).

Atualmente, são vários os conceitos diferentes de **pós-modernidade**, conforme a autora ou o autor que se considere. De uma maneira geral, porém, os pós-modernistas concordam em alguns princípios, como uma postura crítica em relação à possibilidade de conhecimento, além de acreditarem demonstrar a inexistência de estabilidade na ciência e afirmarem a multiplicidade de significados e as incertezas da realidade.

As concepções pós-modernas de história sofrem influência de correntes como o desconstrucionismo e o pós-estruturalismo e se centram mais em críticas ao pensamento histórico do que, propriamente, em produzir trabalhos de história (embora estes existam).

Quando discutimos as questões relacionadas à objetividade, foram abordadas as principais críticas às concepções pós-modernas de história. Foi dada atenção especial à ideia de que nossos pensamentos são determinados culturalmente e limitados à linguagem, ou seja, simplesmente não encontram respaldo na realidade. Acreditar que a língua e a cultura determinam as formas de pensar das pessoas, à maneira como creem os pós-modernos, é etnocêntrico (cada cultura pensa de uma forma que é só sua) e a-histórico (ninguém pode mudar a própria forma de pensar).

Síntese

Narrativa é a organização de um enredo de modo que justifique, ou explique, sua conclusão. Em outros momentos, a técnica narrativa foi essencial aos estudos históricos, embora atualmente sua importância esteja diminuída. Ainda assim, tratou-se, nos últimos anos, de um tema importante, devido às críticas de que não produziria um conhecimento histórico objetivo.

As discussões sobre a narrativa e seu papel na história envolvem discussões sobre a objetividade. No caso da história, essa objetividade deve ser buscada no suporte conceitual, na definição das fontes, no rigor das questões lançadas ao passado, na organização dos dados coletados. A narrativa, de toda forma, não é central nas explicações históricas na atualidade: em diversos modelos próprios de apresentação da história, a narrativa é um complemento, ainda que importante, de análises mais amplas.

A discussão sobre a narrativa leva, também, à análise das diferentes formas possíveis de abordagem histórica, como a história cultural, a do tempo presente, a vista de baixo, entre outras. Cada uma observa a realidade de um determinado ângulo, apresenta metodologias e modelos teóricos específicos e insere-se na tradição de sua própria abordagem. A multiplicidade de perspectivas é reflexo das muitas e possíveis análises permitidas pelos estudos históricos a respeito da realidade do passado.

Atividades de autoavaliação

1. Assinale verdadeiro (V) ou falso (F) para as afirmações que seguem. Depois, marque a alternativa que apresenta a sequência correta:

( ) A narrativa é uma forma de organizar determinados acontecimentos em um enredo com começo, desenvolvimento e fim.

( ) A ideia de progresso constituiu-se, no século XIX, como uma narrativa que transmitia a expectativa de uma constante evolução das sociedades humanas.

( ) Os historiadores do século XIX acreditavam que seu método científico de produzir conhecimento histórico neutralizava os problemas da narrativa.

a) F, F, V.
b) V, V, V.
c) F, F, V.
d) V, F, V.

2. Assinale verdadeiro (V) ou falso (F) para as afirmações que seguem. Depois, marque a alternativa que apresenta a sequência correta:

( ) A objetividade da história não é possível porque, na atualidade, todos os tipos de afirmações históricas apresentam um determinado relativismo cultural. Dentro desse contexto, não se pode afirmar que uma determinada explicação seja "verdadeira" ou "falsa".

( ) A crítica pós-moderna parte do princípio de que não temos acesso à realidade e, portanto, nossos pensamentos e concepções são determinados pela linguagem. Sem podermos escapar de nossa cultura, nossas ideias serão sempre tendenciosas.

( ) Para os pós-modernos, *história* não se diferencia de *ficção*. Sem termos acesso à realidade, historiadoras e historiadores impõem determinadas interpretações ao passado.

a) F, V, V.
b) V, F, F.
c) V, F, V.
d) V, V, F.

3. A respeito da chamada *nova história política*, é correto afirmar:
   a) Diferencia-se do antigo modelo metódico de compreensão da história por buscar compreender o poder, aliado à ideia de cultura, em diferentes espaços da realidade social.
   b) Defende a ideia de que as explicações históricas devem ser buscadas no voluntarismo das pessoas, separando de forma radical os eventos políticos do contexto sociocultural.
   c) Tem seu fundamento teórico em sociólogos do século XIX, como Émile Durkheim e Marcel Mauss, e sua concepção de poder como uma representação coletiva.
   d) Posiciona-se de forma crítica à ideia de cultura, por defender que o poder se estabelece por meio de determinações sociais e econômicas. Nesse contexto, a cultura funcionaria como uma ideologia que camufla os conflitos sociais.

4. Leia o texto, a seguir, do historiador francês Henry Rousso (1945-):

A definição de história do tempo presente é a de ser a história de um passado que não está morto, de um passado que ainda está vivo na palavra e na experiência dos indivíduos, portanto, ligado a uma memória ativa e singularmente atuante. (Rousso, 1998, p. 63, tradução nossa)

É correto afirmar, com base na afirmação de Rousso (1998):

a) Desconsiderando diferenças entre o *hoje* e o *ontem*, a história do tempo presente associa-se ao jornalismo, pois objetiva dar voz à experiência de certos indivíduos.

b) A memória "singularmente atuante" a que se refere Rousso é característica de uma época em que a mídia desempenha um amplo papel no reavivamento de eventos passados. Por isso, a história do tempo presente só estuda sociedades modernas.

c) Para Rousso, o passado não está morto quando é revivido pelos historiadores. Um evento, mesmo ocorrido séculos atrás, estará vivo se for devidamente recuperado.

d) Na história do tempo presente recuperam-se experiências de pessoas que, ainda que tenham vivido eventos que podem não ser mais atuais, permitem, com sua memória, que sejam recontados.

5. Sobre a micro-história, é correto afirmar:

a) Procura compreender os fenômenos históricos em uma escala reduzida, atentando para os indivíduos e suas estratégias no contexto em que vivem.

b) Relaciona-se a curtos trechos de análises, que procuram esgotar fontes únicas ou raras, próprias da cultura popular.

c) Privilegia as ações de pessoas ilustres, por estarem disponíveis em uma maior quantidade de fontes que permitem reconstruir suas vidas.

d) Formou-se como dissidência dos historiadores marxistas contra o modelo ortodoxo que retirava a agência dos trabalhadores na história.

Atividades de aprendizagem

Questões para reflexão

1. Existe, em cinema, um curioso efeito criado pela edição de filmes que foi primeiramente apresentado pelo cineasta soviético Lev Kuleshov (1899-1970), nas primeiras décadas do século XX.

   Kuleshov demonstrou que as pessoas construíam significados para o que assistiam, dependendo de como as cenas se intercalavam. Em outras palavras, as ações ou emoções dos personagens eram interpretadas pelos espectadores dependendo das cenas anteriores.

   Veja o seguinte exemplo: em um filme, aparece o rosto de um homem; logo a seguir, uma nova cena mostra uma criança falecida; a filmagem termina novamente mostrando o rosto do homem.

   Figura 6.5 – O efeito Kuleshov

   Fonte: O Efeito Kuleshov, 1922.

   Em sua opinião, o que o homem estaria pensando, na última cena, após supostamente ver o corpo de uma criança? Como você interpretaria seu olhar? O que ele estaria imaginando ou desejando?

Vamos comparar suas conclusões com base em um segundo pequeno filme, levemente modificado.

Figura 6.6 – Novo exemplo do efeito Kuleshov

Fonte: O Efeito Kuleshov, 1922

A cena, agora, seria diferente, pois o homem parece estar vendo uma bela mulher recostada em um divã. Nesse novo filme, o que o olhar do homem, na última cena, estaria transmitindo? O que poderia estar pensando ou sentindo?

Você deve ter percebido que as imagens do homem não se alteram. Assim, o último olhar é o mesmo, em ambas as imagens, e o que se modifica é apenas a cena intermediária. Em seu experimento, Kuleshov percebeu que os espectadores, quando assistiam a cenas semelhantes, atribuíam diferentes significados ao olhar do personagem. No primeiro trecho, o homem seria interpretado exprimindo sentimentos como tristeza ou dor; no segundo, o mesmo olhar seria identificado com ideias como amor ou desejo.

Portanto, o significado dado pelos espectadores dependia de como o cineasta editava as cenas, e mesmo pequenas modificações poderiam alterar de forma sensível a maneira como o filme era percebido.

Antonio Fontoura

Com base nesse debate, é correto afirmar que historiadoras e historiadores podem atuar de forma semelhante a cineastas, e organizar os fatos de modo a criar diferentes sigfnificados aos eventos do passado? Com base no que você leu sobre a questão da narrativa em história, discuta o papel, a influência e a responsabilidade de historiadores na maneira como organizam o conhecimento sobre o passado.

2. O trecho a seguir foi escrito pelo historiador britânico Eric Hobsbawm (2013, p. 286-287):

é essencial que os historiadores defendam o fundamento de sua disciplina: a supremacia da evidência. [...] Quando uma pessoa inocente é julgada por assassinato, e deseja provar sua inocência, aquilo de que necessita não são as técnicas do teórico "pós-moderno", mas as do antiquado historiador.

Com base na reflexão de Hobsbawn, discuta a possibilidade de objetividade nos estudos históricos.

Atividade aplicada: prática

Cada autor de livro didático tem uma determinada visão da história, que irá se refletir no seu texto final. Procure identificar quais campos históricos são privilegiados em ao menos dois livros didáticos de sua preferência: as explicações tendem à cultura? À política? À economia? Procure identificar trechos que sustentem sua argumentação.

Considerações finais

O estudo da teoria instrumentaliza o pesquisador. O conteúdo deste livro tratou de ferramentas – intelectuais, por certo; abstratas, sem dúvida, mas, ainda assim, *ferramentas*. Trata-se de maneiras de se abordar a realidade mais sofisticadas que uma abordagem ingênua que se rende ao simples dado presente em um documento do passado. Afinal, se o trabalho da historiadora ou do historiador fosse apenas reproduzir documentos, uma fotografia o faria melhor. Construir história é pensar teoricamente: sobre a própria atividade, sobre o documento histórico, sobre os interesses dos diversos grupos estudados, sobre o próprio texto oferecido ao leitor.

É por isso que o estudo da teoria é, muitas vezes, considerado bastante trabalhoso. Como qualquer ferramenta, seu uso adequado exige treino; e é o que você deverá fazer ao abordar a historiografia e ao produzir seus próprios textos. Afinal, com as ideias trabalhadas aqui, você terá condições de argumentar com os autores, compreender seus modelos de raciocínio e, mesmo, questionar sempre que perceber que os argumentos não estão sustentados por dados. Trata-se de uma prática que torna você melhor historiadora ou historiador.

Compreender os fundamentos do conhecimento histórico preenche uma dupla necessidade: torna rigoroso e válido os textos produzidos por quem quer pesquisar e escrever um texto histórico e instrumentaliza quem vai ler e se utilizar de textos históricos – acadêmicos ou não – como parte de sua profissão, nesse caso, em particular, professoras e professores.

Deixo para você, leitor, uma última questão, para não ser respondida: A história é, enfim, *ciência*? A resposta dependerá, obviamente, do que se entende por esse termo e quais condições um conhecimento deve preencher para ostentar o rótulo de "científico". De toda maneira, independentemente de apresentar ou não esse carimbo, a história tem condições de produzir um conhecimento rigoroso e verificável – na mesma medida em que forem rigorosos, também, os princípios teóricos e metodológicos de todos aqueles que trabalhem com essa ciência, digo, disciplina.

Referências

1º FOLHINHA do sorteio para o anno bissexto de 1876 [...]. Rio de Janeiro, 1876. Disponível em: <http://memoria.bn.br/DocReader/docreader.aspx?bib=829102&pasta=ano%20187&pesq=%C3%A9pocas%20do%20brasil>. Acesso em: 26 out. 2016.

ABELOVE, H. et al. (Ed.). **Visions of History**. Estados Unidos: Pantheon Books, 1984.

ADAMS, D. **A vida, o universo e tudo mais**. Rio de Janeiro: Sextante, 2009. (Série O Mochileiro das Galáxias, v. 3).

AGOSTINHO, Santo. **Confissões**. São Paulo: Abril Cultural, 1979. (Coleção Os Pensadores, v. 7).

AMADO, J. O grande mentiroso: tradição, veracidade e imaginação em história oral. **História** (São Paulo), v. 14, p. 125-136, 1995.

ANDERSON, B. **Comunidades imaginadas**. São Paulo: Companhia das Letras, 2008.

APPLEBY, J.; HUNT, L.; JACOB, M. **Telling the Truth About History**. New York: Norton & Company, 1994.

ARQUIVO NACIONAL TORRE DO TOMBO. **Processo de Manuel Rodrigues Penteado**. 1716. Disponível em: <http://digitarq.arquivos.pt/details?id=2304964>. Acesso em: 20 nov. 2016.

ARNOLD, J. H. **History**: a Very Short Introduction. Oxford: Oxford University Press, 2000.

BACON, F. **El avance del saber**. Espanha: Alianza editorial, 1988.

BEAUVOIR, S. de. **O segundo sexo**: fatos e mitos. 4. ed. Tradução de Sérgio Milliet. São Paulo: Difusão Europeia do Livro, 1970. v. 1.

BEAUVOIR, S. de. **O segundo sexo**: a experiência vivida. 2. ed. Tradução de Sérgio Milliet. São Paulo: Difusão Europeia do Livro, 1967. v. 2.

BENJAMIN, W. **Magia e técnica, arte e política**. 2. ed. Tradução de Sérgio Milliet. São Paulo: Brasiliense, 1986. (Série Obras Escolhidas, v. 1).

BLOCH, M. **Apologia da história**: ou o ofício de historiador. Tradução de André Telles. Rio de Janeiro: J. Zahar, 2001.

BOBBIO, N.; MATTEUCCI, N.; PASQUINO, G. **Dicionário de política**. Tradução Carmen C. Varriale, Gaetano Lo Mônaco, João Ferreira, Luís Guerreiro Pinto Cacais e Renzo Dini. Brasília: Ed. da UnB, 1998.

BORGES, J. L. Funes, o memorioso. In: BORGES, J. L. **Ficções**. São Paulo: Círculo do Livro, 1975. p. 109-118.

BOSI, A. O tempo e os tempos. In: NOVAES, A. (Org.). **Tempo e história**. São Paulo: Companhia das Letras, 1992. p. 19-32.

BRANDÃO, A.; CAZUZA. O tempo não para. Intérprete: Cazuza. In: CAZUZA. **O tempo não para**. Rio de Janeiro: PolyGram; Universal Music, 1988. Faixa 6.

BRASIL. CNV – Comissão Nacional da Verdade. **Relatório**. Brasília: CNV, 2014. v. 1. Disponível em: <http://www.cnv.gov.br/images/pdf/relatorio/volume_1_digital.pdf>. Acesso em: 20 nov. 2016.

BRAUDEL, F. **Escritos sobre a história**. 2. ed. Tradução de J. Guinsburg e Teresa Cristina Silveira da Mota. São Paulo: Perspectiva, 1992. (Coleção Debates).

BURKE, P. **A escrita da história**: novas perspectivas. Tradução de Magda Lopes. São Paulo: Ed. da Unesp, 1992a.

BURKE, P. A história como memória social. In: BURKE, P. **O mundo como teatro**: estudos de antropologia histórica. Lisboa: Difusão Europeia do Livro, 1992b. p. 235-251.

BURKE, P. **História e teoria social**. São Paulo: Ed. da Unesp, 2002.

BURKE, P. **O que é história cultural?** Tradução de Sérgio Goes de Paula. Rio de Janeiro: J. Zahar, 2008.

CARR, E. H. **Que é história?** Tradução de Lúcia Maurício de Alverga. São Paulo: Paz e Terra, 1996.

CARVALHO, J. M. de. **A construção da ordem/Teatro de sombras**. 3. ed. Rio de Janeiro: Ed. da UFRJ; Relume Dumará, 1996.

CAZUZA; FREJAT, R.; NEVES, E. Por que a gente é assim? Intérprete: Barão Vermelho. In: BARÃO VERMELHO. **Maior abandonado**. Rio de Janeiro: Sigla, 1984. Faixa 7.

CEREJA, W. R.; MAGALHÃES, T. C. **Português**: linguagens. Ensino Médio. 7. ed. São Paulo: Atual, 2010.

CHARTIER, R. **À beira da falésia**: a história entre certezas e inquietude. Tradução de Patrícia Chittoni Ramos. Porto Alegre: Ed. da UFRGS, 2002.

CHARTIER, R. A história hoje: dúvidas, desafios, propostas. **Revista Estudos Históricos**, Rio de Janeiro, v. 7, n. 13, p. 97-113, 1994.

CHILDREN of Europe: Christmas Finds many of them Still in Great Need of Help. **Life**, v. 25. n. 26, Dec. 27th, 1948.

COMNENA, A. **The Alexiad**. Canada: Parentheses Publications, 2000.

COULANGES, F. **Histoire des institutions politiques de l'Ancienne France**. Paris: Librairie Hachette, 1890. v. 5.

CROIX, G. E. M. de Ste. **The Class Struggle in the Ancient Greek World**. Ithaca: Cornell University Press, 1981.

DARNTON, R. **O grande massacre de gatos**: e outros episódios da história cultural francesa. Tradução de Sonia Coutinho. Rio de Janeiro: Graal, 1986.

DAVIES, N. Z. The Rites of Violence: Religious Riot in Sixteenth-Century France. **Past & Present**, Oxford, v. 59, n. 1, p. 51-91, May 1973.

DESCARTES, R. **Discurso do método**. Tradução de Maria Ermantina Galvão. São Paulo: M. Fontes, 2001. (Série Clássicos).

DOUGLAS, M. **Pureza e perigo**. São Paulo: Perspectiva, 1976. (Coleção Debates).

DUBY, G. **O domingo de Bouvines**: 27 de Julho de 1214. Rio de Janeiro: Paz e Terra, 1993.

DURKHEIM, É. **As regras do método sociológico**. São Paulo: M. Fontes, 2007.

EIKREM, A. **Reddet "Lille lam" fra drukningsdøden**. Noruega: Sunnmørsposten, 14 jun. 2012. Disponível em: <http://www.smp.no/nyheter/article474016.ece>. Acesso em: 20 jul. 2016.

ELIAS, N. **O processo civilizador**. 2. ed. Rio de Janeiro: J. Zahar, 1994.

EVANS, R. **In Defence of History**. New York: WW Norton & Company, 1998.

EVANS-PRITCHARD, E. E. **Os Nuer**. São Paulo: Perspectiva, 1978. (Coleção Estudos).

FARIA, R.; MARQUES, A. M.; BERUTTI, F. **Construindo a história**. Belo Horizonte: Lê, 1987.

FEBVRE, L. **Combates pela história**. Lisboa: Editorial Presença, 1985.

FEBVRE, L. Febvre contra a história historizante. In: MOTA, C. G. (Org.). **Lucien Febvre**: história. São Paulo: Ática, 1978. p. 103-107.

FELDMAN, G. A Colapse in Weimar Scholarship. **Central European History**, Cambridge, v. 17, n. 2-3, p. 159-177, June/Sep. 1984.

FISCHER, D. H. **Historians' Fallacies**: Toward a Logic of Historical Thought. New York: Harper & Row, 1970.

FONTOURA, A. **Pornotopias conjugais**: subjetividades e sexualidades no surgimento do swing no Brasil. 282 f. Dissertação (Mestrado em História) – Universidade Federal do Paraná, Curitiba: 2015. Disponível em: <http://acervodigital.ufpr.br/bitstream/handle/1884/37607/R%20%20D%20-%20ANTONIO%20FONTOURA%20JR.pdf?sequence=3&isAllowed=y>. Acesso em: 20 nov. 2016.

FOUCAULT, M. **Power/knowledge**: Selected Interviews and Other Writings, 1972-1977. New York: Pantheon, 1980.

GADAMER, H.-G. **O problema da consciência histórica**. Tradução de Paulo César Duque Estrada. 3. ed. Rio de Janeiro: FGV, 2006.

GEERTZ, C. **A interpretação das culturas**. Rio de Janeiro: LTC, 1989.

GIBBON, E. **The Decline and Fall of the Roman Empire**. New York: G. P. Putnam's Sons, 1962.

GINZBURG, C. **Mitos, emblemas, sinais**: morfologia e história. São Paulo: Companhia das Letras, 1990.

GINZBURG, C. **O queijo e os vermes**: o cotidiano e as ideias de um moleiro perseguido pela Inquisição. São Paulo: Companhia das Letras, 1993.

GOFFMAN, E. **A representação do eu na vida cotidiana**. Petrópolis: Vozes, 1975.

GOMBRICH, E. H. **Arte e ilusão**: um estudo da psicologia da representação pictórica. 3. ed. Tradução de Raul de Sá Barbosa. São Paulo: M. Fontes, 1995.

HABERMAS, J. **Mudança estrutural da esfera pública**. 2. ed. São Paulo: Tempo Brasileiro, 2003.

HALBWACHS, M. **A memória coletiva**. São Paulo: Centauro, 2006.

HARTOG, F. **Regimes de historicidade**: presentismo e experiências do tempo. Belo Horizonte: Autêntica, 2013.

HERÓDOTO. **História**. São Paulo: Clássicos Jackson, 1964.

HOBSBAWM, E. **Era dos extremos**: o breve século XX – 1914-1991. São Paulo: Companhia das Letras, 1995.

HOBSBAWM, E. **Sobre história**. São Paulo: Companhia das Letras, 2013.

HOBSBAWM, E.; RANGER, T. **A invenção das tradições**. Rio de Janeiro: Paz e Terra, 1990.

HUGO, V. **Nossa Senhora de Paris**. São Paulo: Edigraf, 1958. (Série Magna).

JENKINS, K. **A história repensada**. Tradução de Mario Vilela. 3. ed. São Paulo: Contexto, 2007.

KOCHHAR, S. K. **Teaching of History**. New Delhi, India: Sterling Publishers, 1984.

KROEBER, A.; KLUCKHOHN, C. **Culture**: a Critical Review of Concepts and Definitions. Cambridge: Cambridge University Press, 1952.

KUHN, T. S. **A estrutura das revoluções científicas**. 12. ed. São Paulo: Perspectiva, 2013. (Coleção Debates, v. 115).

LADURIE, E. L. R. **Montaillou**: Cathars and Catholics in a French Village – 1294-1324. England: Penguin, 1978.

LAQUEUR, T. **Inventando o sexo: corpo e gênero dos gregos a Freud**. Rio de Janeiro: Relume Dumará, 2001

LE GOFF, J. As mentalidades: uma história ambígua. In: LE GOFF, J.; NORA, P. **História**: novos objetos. Rio de Janeiro: Francisco Alves, 1976. p. 68-83.

LE GOFF, J. Documento/monumento. In: **Enciclopédia Einaudi**: memória – história. Lisboa: Imprensa Nacional; Casa da Moeda, 1984. v. 1. p. 95-106.

LEVI, G. **A herança imaterial**: trajetória de um exorcista no Piemonte do século XVII. Rio de Janeiro: Civilização Brasileira, 2000.

LEVI, P. **É isto um homem?** Tradução de Luigi Del Re. Rio de Janeiro: Rocco, 1988.

LÉVI-STRAUSS, C. **Antropologia estrutural**. 6. ed. Rio de Janeiro: Tempo Brasileiro, 2003.

LIPSTADT, D. **Denying the Holocaust**: the Growing Assault on Truth and Memory. London: Penguin Books, 1994.

LOWENTHAL, D. Como conhecemos o passado. **Projeto História**, São Paulo, n. 17, p. 63-201, nov. 1998.

LÖWY, M. **Walter Benjamin**: aviso de incêndio – uma leitura das teses "Sobre o conceito de história". Tradução de Wanda Nogueira Caldeira Brant. São Paulo: Boitempo, 2005.

LUCCI, E. A. **TDMC**: trabalho dirigido de moral e civismo. São Paulo: Saraiva, 1979.

LYOTARD, J.-F. **A condição pós-moderna**. Tradução de Ricardo Corrêa Barbosa. Rio de Janeiro: J. Olympio, 1998.

MARX, K. **Contribuição à crítica da economia política**. São Paulo: M. Fontes, 1977.

MARX, K.; ENGELS, F. **O manifesto comunista**. São Paulo: Instituto José Luís e Rosa Sundermann, 2003.

MONOD, G. **Portraits et souvenirs**. Paris: Calmann Lévy, 1897.

MULTIDÃO depreda casas comerciais. **Gazeta do Povo**, Curitiba, 9 dez. 1959. p. 8.

MUNHOZ, D. G. Inflação brasileira: os ensinamentos desde a crise dos anos 30. **Revista Economia Contemporânea**, Rio de Janeiro, v. 1, n. 1, p. 59-87, jan./jun. 1997. Disponível em: <https://revistas.ufrj.br/index.php/rec/article/view/19574/11339>. Acesso em: 6 maio. 2024.

NORA, P. Entre memória e história: a problemática dos lugares. **Projeto História**, São Paulo, v. 10, p. 7-28, jul./dez. 1993.

O EFEITO Kuleshov. Direção: Lev Kuleshov. Rússia: 1922.

O FLUMINENSE. Niterói, 15 nov. 1889.

ORWELL, G. **1984**. Tradução de Wilson Velloso. 29. ed. São Paulo: Companhia Editora Nacional, 2005.

PIOVEZAN, A. **Morrer na guerra**: instituições, ritos e devoções no Brasil (1944-1967). 298 f. Tese (Doutorado em História) – Universidade Federal do Paraná, Curitiba, 2014.

PLUTARCH. **The Parallel Lives**. London: Loeb Classical, 1914. v. I.

PROJETO BRASIL NUNCA MAIS. **Brasil**: nunca mais – um relato para a história. Petrópolis: Vozes, 1985.

PUTNAM, H. Philosophy of Science with Hilary Putnam. Entrevista concedida a Bryan Magee. **BBC**, Man of Ideas, 1978. Disponível em: <https://www.youtube.com/watch?v=et8kDNF_nEc>. Acesso em: 1º nov. 2016.

RÉGIO, J. **Poemas de Deus e do diabo**. Portugal: Quasi, [1925] 2013.

RIPA, C. **Iconologia de Cesare Ripa Perugino**. Siena: Matteo Florimi, 1613. Disponível em: <http://archive.org/stream/iconologiadicesa01ripa>. Acesso em: 9 out. 2016.

ROUSSO, H. **La hantisse du passé**. Paris: Éditions Textuel, 1998.

SACKS, O. **O homem que confundiu sua mulher com um chapéu**: e outras histórias clínicas. São Paulo: Companhia das Letras, 1985.

SAGAN, C. **O mundo assombrado pelos demônios**: a ciência vista como uma vela no escuro. Tradução de Rosaura Eichemberg. São Paulo: Companhia das Letras, 2006.

SAMUELSSON, K. **Religion and Economic Action**: the Protestant Ethic, the Rise of Capitalism and the Abuses of Scholarship. Toronto: University of Toronto Press, 1993.

SANTAYANA, G. **The Life of Reason**. New York: Charles Scribner's Sons, 1920.

SAUSSURE, F. **Curso de linguística geral**. 26. ed. São Paulo: Cultrix, 2004.

SILVA, J. P. e. **Minha pátria**: ensino da história do Brasil no terceiro ano do curso preliminar. 20. ed. São Paulo: Typografia Siqueira, 1930.

SLATIN, T. Robert Shields, Obsessive Diarist. **TomSlatin.com**: Writing, Photography, and Website Design. 23 July 2012. Disponível em: <https://www.tomslatin.com/robert-shields-obsessive-diarist/>. Acesso em: 20 out. 2016.

SPIRO, J. P. **Defending the Master Race**: Conservation, Eugenics, and the Legacy of Madison Grant. Burlington: University of Vermont Press, 2008.

SYNGE, J. M. The Aran Islands. 1907. **Project Gutenberg**. Disponível em: <http://www.gutenberg.org/files/4381/4381-h/4381-h.htm>. Acesso em: 29 jul. 2016.

THOMPSON, E. P. **A formação da classe operária inglesa**: a árvore da liberdade. Tradução de Denise Bottmann. Rio de Janeiro: Paz e Terra, 1987a. v. 1. (Coleção Oficinas da História, v. 1).

THOMPSON, E. P. **A formação da classe operária inglesa**: a maldição de Adão. Tradução de Renato Busatto Neto e Cláudia Rocha de Almeida. Rio de Janeiro: Paz e Terra, 1987b. v. 2. (Coleção Oficinas da História, v. 5).

THOMPSON, E. P. **A miséria da teoria**: ou um planetário de erros – uma crítica ao pensamento de Althusser. Rio de Janeiro: J. Zahar, 1981.

THOMPSON, E. P. **The Making of the English Working Class**. New York: Pantheon Books, 1964.

TJ-PR suspende feriado do Dia da Consciência Negra em Curitiba. **Sincabima** – Sindicato das Indústrias de Cacau e Balas, Massas Alimentícias e Biscoitos de Doces e Conservas Alimentícias do Estado do Paraná, Curitiba, 5 nov. 2013. Disponível em: <http://www.fiepr.org.br/sindicatos/sincabima/News3326content234018.shtml>. Acesso em: 28 out. 2016.

TODOROV, T. The Uses and Abuses of Memory. In: MARCHITELLO, H. (Ed.). **What Happens to History**: the Renewal of Ethics in Contemporary Thought. New York: Routledge, 2001. p. 11-39.

TURQUIA convoca embaixador e critica Senado do Brasil por questão armênia. **G1**, São Paulo, 8 jun. 2015. Mundo. Disponível em: <http://g1.globo.com/mundo/noticia/2015/06/turquia-convoca-embaixador-e-critica-senado-do-brasil-por-questao-armenia.html>. Acesso em: 26 out. 2016.

SPURIOUS CORRELATIONS. **Tylervigen.com**. Disponível em: <http://www.tylervigen.com/spurious-correlations>. Acesso em: 29 jul. 2016.

UNESCO – Organização das Nações Unidas para a Educação, a Ciência e a Cultura. **O patrimônio**: legado do passado ao futuro. Disponível em: <http://www.unesco.org/new/pt/brasilia/culture/world-heritage/heritage-legacy-from-past-to-the-future/>. Acesso em: 27 out. 2016.

VARNHAGEN, F. A. **História geral do Brazil**: antes da sua separação e independência de Portugal. 2. ed. Viena: Imprensa do Filho de Carlos Gerold, [1877a]. Tomo primeiro.

VARNHAGEN, F. A. **História geral do Brazil**: antes da sua separação e independência de Portugal. 2. ed. Viena: Imprensa do Filho de Carlos Gerold, [1877b]. Tomo segundo.

VOLTAIRE. **The Works of Voltaire**. New York: The Werner Company, 1906. v. 4.

WEBER, M. **A ética protestante e o espírito do capitalismo**. 5. ed. São Paulo: Pioneira, 1987.

WEBER, M. **Economia e sociedade**: fundamentos da sociologia compreensiva. Tradução de Regis Barbosa e Karen Elsabe Barbosa. Brasília: Ed. da UnB, 2004. v. 1 e v. 2.

WELLS, H. G. **The outline of history**. New York: Garden City, 1920.

WORMELL, D. **Sir John Seeley and the Uses of History**. Cambridge: Cambridge University Press, 1980.

ZIRALDO. **O menino maluquinho**. São Paulo: Melhoramentos, 1980.

ZYGA, L. Is Mathematics an Effective Way to Describe the World? **Phys.org**. 3 Sept. 2013. Disponível em: <http://phys.org/news/2013-09-mathematics-effective-world.html>. Acesso em: 29 jul. 2016.

Bibliografia comentada

BLOCH, M. **Apologia da história**: ou o ofício de historiador. Tradução de André Telles. Rio de Janeiro: J. Zahar, 2001.

Obra clássica da historiografia, escrita por um dos expoentes da escola dos Annales. Ainda que tenha sido escrita nos anos 1940, apresenta muitas discussões que são bastante atuais em história do ponto de vista teórico e metodológico.

BURKE, P. **História e teoria social**. São Paulo: Unesp, 2002.

Uma das poucas obras existentes no mercado editorial brasileiro que procura estabelecer um diálogo entre as concepções teóricas importadas de outras disciplinas (especialmente a Sociologia) para utilização em História.

GINZBURG, C. **Mitos, emblemas e sinais**. São Paulo: Companhia das Letras, 1990.

Escrita por um dos mais influentes historiadores da atualidade, a obra apresenta artigos que discutem teoria, metodologia e objetividade com base em análises documentais. Nesta obra, Ginzburg detalha seu "paradigma indiciário".

Respostas

Capítulo 1
Atividades de autoavaliação
1. d
2. c
3. d
4. a
5. c

Capítulo 2
Atividades de autoavaliação
1. b
2. c
3. c
4. b
5. c

Capítulo 3

Atividades de autoavaliação
1. d
2. a
3. a
4. c
5. b

Capítulo 4

Atividades de autoavaliação
1. a
2. d
3. b
4. a
5. a

Capítulo 5

Atividades de autoavaliação
1. c
2. a
3. d
4. d
5. d

Capítulo 6
Atividades de autoavaliação
1. b
2. a
3. a
4. d
5. a

Sobre o autor

Antonio Fontoura é licenciado e bacharel em História (1996) pela Universidade Federal do Paraná (UFPR) e mestre e doutor em História pela mesma instituição. É professor universitário, bem como autor de livros didáticos de História do ensino fundamental ao ensino superior.

Impressão:
Dezembro/2016